ABC 기독교 교리교재

루이스 벌코프 지음
기독교교리요약 편역

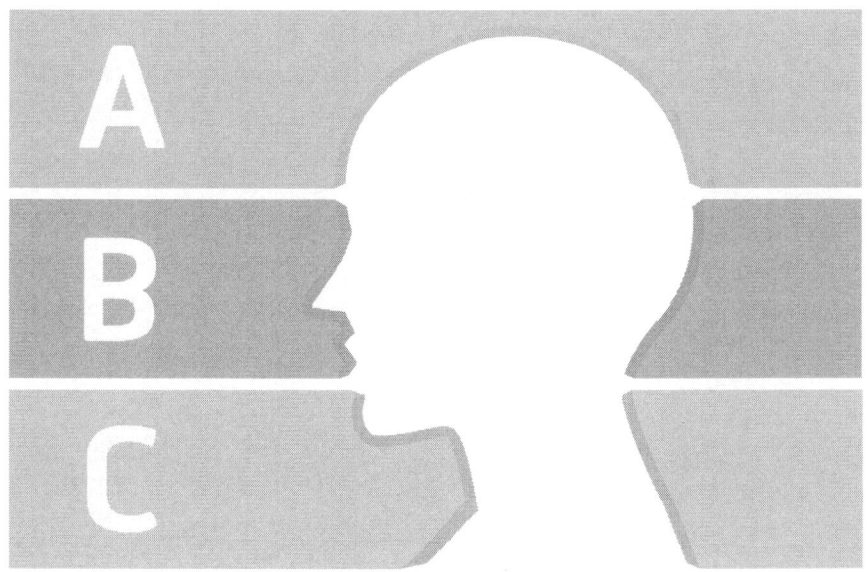

도서출판 소망

서문

요즈음 각 교회마다 성경공부를 비롯한 각 방면의 교육이 활발히 이루어지고 있음은 한국교회의 질적 성장을 위하여 매우 바람직한 일이라 하겠다.

그러나 무엇보다 아쉬운 것은 각양의 이단이 범람하는 현세에 대응하여 바른 기독교 교리를 쉽게 배우고 익힐 수 있는 교재가 많지 않다는 점이다.

이러한 때에 보수적 조직신학의 권위자인 루이스 벌코프의 《기독교 교리요약》을 편역하여 교리자습을 위한 교재를 펴내게 됨은 매우 반갑고도 유익한 일이라고 생각한다. 본서는 많은 신학도들과 교회에서 교재로 사용되고 있는 조직신학을 함축성 있게 요약 정리한 책이다.

아울러 부록으로 기독교 교리를 알기 쉽게 정리한 웨스트민스터 소요리문답을 실었다. 107문항이므로 모일 때마다 몇 문항씩 읽고 참고성경구절을 찾아 공부한다면 교리공부에 많은 도움이 될 것이다.

바라기는 이 교재를 통하여 한국교회가 바른 진리 가운데 성장되기를 기대하면서 추천하는 바이다.

신복윤(철학박사)

일러두는 말

1 이 교재는 루이스 벌코프의 《기독교 교리요약》을 편역한 것이므로 가르치는 성경공부 리더나 소그룹 인도자는 참고하기 바란다.

2 교리 개요를 전개함에 있어서 가급적 다른 학설과의 비교 분석 하는 내용은 생략했다. 그러므로 성경공부 리더나 인도자는 원본인 《기독교 교리요약》이나 《기독교 신학개론》 등의 다른 교리 서적을 참고하여 폭넓게 진행할 수 있을 것이다.

3 ↔표는 비교하기 위해 제시된 성구이다.

4 교리(신학)를 이해하고 성경말씀을 통하여 확인하는 과정에서 가급적 성숙한 신앙으로 유도되도록 질문하여 답을 요구했다.

5 가능한 대로 학습하는 본인이 답을 쓰도록 하고, 개요에서 그 답이 나와 있더라도 성경을 통하여 확인할 수 있기를 바란다.

차례
CONTENTS

1부 _ 서론 •07
- 제1과 종교 •08
- 제2과 일반계시 •14
- 제3과 특별계시 •19
- 제4과 성경 •24

2부 _ 신론 •29
- 제5과 하나님의 본질 •30
- 제6과 하나님의 명칭과 속성 •35
- 제7과 삼위일체 •44
- 제8과 하나님의 작정 •50
- 제9과 하나님의 창조 •54
- 제10과 하나님의 섭리 •60

3부 _ 인간론 •67
- 제11과 원시상태의 인간 •68
- 제12과 죄의 상태에 있는 인간 •74
- 제13과 원죄와 본죄 •80
- 제14과 은혜 계약 안에 있는 인간 •86
- 제15과 은혜의 계약 •90

4부 _ 기독론 •97
- 제16과 그리스도의 명칭과 본질 •98
- 제17과 그리스도의 신분 •104
- 제18과 그리스도의 직무 •110
- 제19과 그리스도의 속죄 •117
- 제20과 속죄의 범위 •122

5부 _ 구원론 •129
- 제21과 부르심과 중생 •130
- 제22과 회심과 믿음 •138
- 제23과 칭의 •145
- 제24과 성화와 성도의 견인 •150

6부 _ 교회론 •157
- 제25과 교회의 성질 •158
- 제26과 교회의 정치와 권세 •164
- 제27과 은혜의 방편인 말씀과 성례 •173
- 제28과 세례와 성찬 •179

7부 _ 종말론 •187
- 제29과 그리스도의 재림 •188
- 제30과 부활과 마지막 심판, 그리고 무궁세계 •195

부록 웨스트민스터 소요리문답 •205

제 1 부

서론(序論)

종교
일반계시
특별계시
성경

1. 종교의 본질

성경은 인간이 하나님의 형상대로 창조되었다고 가르쳐준다. 이 인간이 범죄하여 타락했다고 해서 하나님의 형상을 지닌 자로서의 위치를 완전히 잃어버린 것은 아니다. 비록 인간의 죄 된 성품은 종교를 끊임없이 반대하지만, 종교의 씨앗만은 아직도 전 인류에게 남아 있는 것이다.

지구상의 모든 민족과 종족들에게는 각기 다른 형태이긴 하지만, 종교가 존재한다는 것을 선교사들은 증언해 주고 있다. 많은 사람들이 종교를 욕된 것으로 비난하지만, 종교야말로 인류에게 준 최대의 복 가운데 하나인 것이다. 종교는 인간 생활의 가장 심오한 근원을 다룰 뿐만 아니라, 인간의 사상과 감정과 욕망을 지배한다고 볼 수 있다.

종교란 무엇인가? 우리는 하나님의 말씀을 연구할 때에만 비로소 진정한 종교의 본질이 무엇인지를 알게 된다. 영어에서 종교(religion)란 말은 성경의 원어인 히브리어나 헬라어에서 파생한 것이 아니라, 라틴어(relegere)에서 나온 것으로 영어성경에 네 곳에만 있다(갈 1:13, 14; 약 1:26, 27).

구약에서는 종교를 '주님을 향한 경외'라고 설명했다. 여기 '경외'라는 말은 공포의 감정이 아니라, 하나님을 두려워하는 마음에서 우러나오는 존경의 감정이며, 사랑과 신뢰가 조화를 이룬 감정인 것이다. 이 종교는 구약의 성도들이 계시에 대해 경건한 호응을 보인 것이며, 신약에서는 율법보다는 복음에 대해 반응을 나타낸 것으로, 신앙과 경건의 태도를 뜻하는 것이다.

성경에 비추어보면, 종교는 인간의 하나님에 대한 관계, 곧 하나님의 절대적 존엄성과 무한한 능력을 의식하고, 인간 자신이 비천함과 연약한 상태를 깨닫는 것이라 하겠다. 그러므로 종교란 하나님에 대한 의식적이고 자발적인 영적 관계, 특히 감사의 예배와 사랑의 봉사 행위에서 표현되는 것으로 정의될 수 있다. 이러한 종교적 예배와 봉사의 태도는 인간 스스로에 의한 것이 아니라, 하나님에 의해서만 이루어지는 것이다.

 **성경과 더불어 복습**

1. 참 종교의 본질은 무엇으로부터 시작되는가? 신 10:12-13

2. 인간의 지혜의 근본은 무엇인가? 시 111:10

3. 사람의 본분은 무엇인가? 전 12:13

_____

4. 참 종교의 요소는 무엇인가? 사 40:25-26; 행 17:24-25

_____

5. 참 종교는 신자의 어떤 기대를 만족하게 해야 하나? 사 51:4-6; 겔 34:25-27

_____

6. 거짓 종교의 형태는 어떠한가? 신 4:28; 마 24:11; 요일 4:1

_____

7. 거짓 종교의 결국은 무엇인가? 마 13:29-30, 40-42

_____

2. 종교의 자리

인간 정신에 있어서 종교의 자리가 어디에 있느냐 하는 문제를 살필 때 몇 가지 그릇된 견해들이 있다.

어떤 사람은 종교를 지식의 일종으로 생각하여 지성(知性 : intellect)에 종교의 자리를 둔다. 또 어떤 사람은 종교를 하나님에 대한 일종의 직접적인 느낌으로 간주하여 감정(感情 : feelings)에서 종교의 자리를 찾기도 한다. 또 어떤 사람은 종교란 무엇보다 도덕적 행위로 성립되는 것으로 생각하고, 종교의 자리를 의지(意志 : will)에 두기도 한다. 그러나 위의 견해들은 모두 한편만 보는 관점이기 때문에 종교를 마음의 문제라고 주장하는 성경의 가르침과는 어긋난다고 볼 수 있다.

성경 심리학에 의하면, 마음은 영혼의 중심적 기관이라고 한다. 인간의 마음에서부터 인간의 모든 생활, 사상, 감정 그리고 의지의 모든 문제가 나오는 것이다(잠 4:23). 종교는 한 인간의 지혜, 지성, 감정, 그리고 그의 도덕생활을 내포하고 있기 때문에 이렇게 보는 것이 종교의 본질에 대한 바른 견해라 하겠다.

 성경과 더불어 복습

1. 우리가 섬기는 대상을 위해 어디에 자리를 마련해 드려야 할까?
   출 9:21; 잠 4:23

2. 종교를 통해서 무엇의 새로움을 얻는가? 시 51:10

3. 영생을 얻기 위해 무엇의 변화가 있어야 하는가? 잠 4:23; 마 5:8

4. 온 힘을 다해 하나님을 섬긴다고 할 때, 그 힘의 바탕은 어디에서 나와야 하는가? 삼상 12:20; 신 6:5

---

3. 종교의 기원

성경만이 종교의 기원에 관한 믿을만한 설명을 해주고 있다. 성경은 우리에게, 종교적인 예배를 받기에 합당한 유일한 대상자이신 하나님이 계심을 말해주고 있다. 더욱이 성경은, 인간이 자기 능력으로 하나님을 찾을 수 없었기 때문에, 하나님께서 자연을 통해서와 특히 그 자신의 거룩한 말씀을 통해서 자신을 계시하였음을 확실하게 말해주고 있다.

또한 하나님께서는 인간에게 예배와 봉사를 요구하고 계시며, 어떠한 예배와 봉사를 기뻐 받으시는가를 하나님이 스스로 결정하신다고 성경은 설명해 주고 있다.

마지막으로, 성경은 하나님께서 인간을 창조하시되 자기 형상을 따라 지으셔서 이 계시를 이해하고 따를 수 있는 능력을 주셨으며, 또한 하나님과 교제하고 하나님을 영화롭게 하고 싶은 마음이 나도록 인간의 마음속에 자연적인 충동을 심어주셨다고 가르치고 있다.

 성경과 더불어 복습

1. 우리 인간이 종교를 갖는다고 할 때, 마땅히 누구를 찾아야 하는가?
창 1:26-27, 2:7

2. 인간의 생이 지속되는데 있어서 근원적인 것은 무엇인가?
   신 8:3; → 마 4:4

3. 하나님은 인간과 어떠한 관계를 갖고 계신가? 욥 35:11

4. 사람이 종교를 갖고자 할 때, 그 대상이 사람보다 어떠해야 할까?
   욥 4:17, 9:2

5. 종교가 존재해야 할 필연성은 무엇이며, 종교의 궁극적 목적은 무엇인가?
   롬 5:12, 15

6. 참 종교는 어느 쪽에 의한 약속의 선포로 이루어져야 하는가? 신 4:13

일반계시

1. 계시(啓示)에 대한 일반적 고찰

종교에 대한 고찰을 한 후에는 그 기원이 되는 계시에 대하여 고찰하지 않을 수 없게 된다. 만일 하나님이 자신을 계시하지 않으셨다면 종교는 없었을 것이다. 또 하나님이 자신을 스스로 알리지 않으셨다면, 인간은 하나님에 대한 어떠한 지식도 가질 수 없으며, 인간 그대로 버려두신다면 하나님을 찾을 길이 없을 것이다. 이 계시는 자연계에 나타난 하나님의 계시와 성경에 나타난 하나님의 계시로 구별할 수 있다.

물론 무신론자들과 불가지론자들은 계시를 믿지 않는다. 범신론자들은 그들의 사상체계 속에 계시를 허용하지는 않지만 가끔 계시에 대하여 언급하기는 한다. 자연신론자들은 자연계에 나타난 하나님의 계시는 인정하나, 성경에 나타난 특별계시의 필연성과 실재성, 심지어는 특별계시의 가능성까지도 부인한다. 그러나 우리는 일반계시와 특별계시를 다 믿는다.

 성경과 더불어 **복습**

1. 인간이 하나님을 그 스스로 발견하여 찾을 수 있는가? 출 9:16; 욥 37:1-7

___

2. 인간은 하나님의 하시는 일을 무엇을 통하여 알 수 있는가? 시 19:1-2

___

3. 모든 사람이 하나님의 능력을 발견할 수 있는가? 롬 1:19-20

___

2. 일반계시

하나님의 일반계시는 시간상으로 특별계시보다 앞선다. 일반계시는 인간에게 구술(口述)적 전달 형식으로 오는 것이 아니라, 자연 사건과 자연세력과 자연 법칙을 통하여 오는 것이다. 성경은 일반계시를 다음과 같은 구절에서 언급하고 있다. 시 19:1-2; 롬 1:19-20, 2:14-15.

(1) 일반계시의 불충분성
펠라기우스파와 합리주의자들과 자연신론자들은 일반계시만으로 현재 인간의 요구에 적합한 것으로 간주하는데 반하여, 로마 가톨릭과 프로테스탄트는 일반계시만으로는 충분하지 못하다고 본다.

이 일반계시는 하나님의 아름다운 창조세계에 남아있는 죄의 암영(暗影)에 의해 희미하게 되고 말았다. 창조주의 솜씨가 완전히 지워진 것이 아니고 흐려지고 희미해진 것이다. 일반계시는 하나님에 관한 충분한 지식과 영적인 일에 대한 충분한 지식을 전달하여 주지 못하므로 인간이 영원한 미래를 건설할 수 있는 확고한 기초를 제공하여 주지 못한다. 종교를 순수하게 하나의 자연적 근거에만 세우려는 자들의 현재의 종교적 혼란이 바로 일반계시의 불충분성을 분명하게 증명하여 준다.

일반계시가 일반적 종교에도 합당한 기초를 제공하여 주지 못하므로 참 종교에 대해서는 더욱 그러하다. 심지어 이방 민족들은 어떤 가상적 특별 계시에 호소한다. 결국 일반계시로서는 죄인들의 영적인 요구를 완전히 만족시킬 수 없다. 그러므로 일반계시는 하나님의 선과 지혜와 능력에 관한 다소의 지식을 전달하여 주지만, 그리스도가 구원의 유일한 길이라는 사실을 알려 주지 못한다.

(2) 일반계시의 가치

그러나 위에 언급한 내용이 일반계시가 전혀 무가치하다는 것은 아니다. 일반계시는 아직도 이교(異敎)의 진정한 확립 요소를 설명해 주는데, 이 계시로 말미암아 이방인들은 그들 자신이 하나님의 후손임을 깨닫고(행 17:28), 하나님을 발견하게 되었고(행 17:27), 자연 속에서 하나님의 영원하신 능력과 신성을 보고(롬 1:19-20), 본성으로 율법의 일을 행하게 되었다(롬 2:14). 또 그들은 죄와 무지의 암흑 속에서 생활하며 하나님의 진리를 곡해하지만, 말씀의 조명(요 1:9)과 성령의 일반적 작용(창 6:3)에는 참여하는 것이다. 뿐만 아니라, 하나님의 일반계시는 그의 특별계시의 배경을 형성해 주므로, 특별계시는 일반계시 없이 완전히 이해될 수 없는 것이다. 과학과 역사는 성경기록에 대해 빛을 던져주는 일을 계속하고 있다.

 성경과 더불어 복습

1. 하나님을 섬기지 않는 사람들은 그들이 하나님의 자녀인 것을 알 수 없을까? 행 17:28

2. 사람이 일반 계시로만 하나님을 발견할 수 있는 상태는 어떠한가?
   행 17:27

3. 하나님의 말씀을 직접 받지 않은 상태의 사람은 하나님의 뜻을 행할 수 없을까? 롬 2:14-15

4. 복음은 선택된 사람에게만 전해지는가? 막 16:15; 행 2:8-11

5. 성령의 사역은 특정인에게만 국한되는가? 창 6:3; 사 59:21

6. 복음이 전해지지 않은 곳에서는 하나님을 알지 못하여 섬길 수 없었다고 말할 수 있는가? 롬 1:20

7. 하나님의 사랑은 이 세상에 어떻게 나타나 있는가? 마 5:45

03 특별계시

자연 속에 나타난 일반계시와 함께 우리는 성경에서 구체화 되어 있는 특별계시를 받아들인다. 성경은 분명히 하나님의 특별계시의 책인데, 이 계시 속에는 사실과 말씀이 병행하여, 말씀은 사실을 해석하고 사실은 말씀에게 본질을 제공해 준다.

(1) 특별계시의 필요성

특별 계시는 세상에 죄가 들어옴으로 필요하게 되었다. 자연에 나타난 하나님의 솜씨는 희미해지고 부패하게 되었다. 인간은 영적으로 둔하여져서 고통을 받게 되어 과오와 불신앙의 종노릇을 하게 되었고, 우매함과 고집으로 계시의 본래 흔적까지도 명확히 알 수 없게 되고, 하나님의 보다 깊은 계시를 이해할 수 없게 되고 말았다. 그러므로 하나님께서 자연의 진리를 재해석하고 구속의 새로운 계시를 제공하여 줌으로써 인간의 마음을 조명하여 오류의 구덩이에서 벗어나도록 해야만 하셨다.

(2) 특별계시의 방법

하나님께서는 특별계시 혹은 초자연적 계시를 주시되 다음과 같은 방법을 사용하셨다.

① 하나님의 현현(顯現)

하나님께서는 자신이 존재하심을, 불과 연기의 구름 속(출 3:2, 33:9; 시 78:14, 99:7)에서와, 폭풍(욥 38:1; 시 18:10-16) 속에서와, 세미한 음성(왕상 19:12) 속에서 나타내 보여 주셨는데, 이 모든 것은 자신의 영광을 드러내는 하나님의 나타나심(임재)의 증거인 것이다. 구약에 보면 삼위(三位) 중 제2위 되신 여호와의 사자의 현현이 두드러진다(창 16:13, 31:11; 출 23:20-23; 말 3:1). 인간들 속에 나타나신 하나님의 인격적 현현은 예수 그리스도의 성육신에 이르러 최절정에 달했다. 그리스도 안에서 말씀이 육신이 되고 그 말씀이 우리 가운데 거하게 되었던 것이다.

② 직접적 전달

하나님은 가끔 모세와 이스라엘 자손들에게 직접 말씀하신 것(신 5:4)처럼, 인간이 들을 수 있는 음성으로 인간에게 말씀하셨다. 성령의 내적 작용으로 선지자들에게 자신의 메시지를 전해 주셨다(벧전 1:11). 하나님은 꿈과 환상의 방법과 '우림과 둠밈'의 방법으로 자신을 계시하셨다(민 12:6, 27:21; 사 6장). 신약에 보면 그리스도는 아버지의 뜻을 나타내기 위해서 나타나셨으며, 사도들은 하나님의 영으로 말미암은 계시 전달의 기관이 되었다(요 14:26; 고전 2:12-13; 살전 2:13).

③ 이적

성경에 나타난 이적은 인간에게 놀라움만 주는 하나의 단순한 경이적 사건이 아니라, 하나님의 특별계시의 필연적인 한 방편으로 간주되어야 한다. 이 이적들은 하나님의 특별한 능력의 표현이며, 자신의 특별한 임재(나타나심)의 증표이며, 때로는 영적 진리를 상징하며, 다가올 하나님의 나라와 구속적 능력의 징조인 것이다. 이적 중에 최대의 이적은 성육신(成肉身, 예수께서 사람의 몸을 입으시고 탄생)하신 사건이다. 하나님의 창조 전체가 그리스도 안에서 회복되어가며 본래의 아름다움을 되찾게 된 것이다(딤전 3:16; 계 21:5).

(3) 특별계시의 특성

이 하나님의 특별계시는 구원의 계시인데, 죄인과 세상에 대한 하나님의 구원의 계획과, 이 구원계획의 실현 방법을 보여주는 계시이다. 이 특별계시야말로 인간의 마음을 조명하여 그의 뜻을 선한 데로 이끌어주며, 거룩한 사랑으로 채워주고, 그에게 하늘나라의 집을 준비하게 하는 계시인 것이다. 특별계시는 우리에게 구속의 메시지를 전해 줄 뿐 아니라, 구속의 사건을 알게 해 준다. 우리를 지식으로 부하게 할 뿐 아니라 죄인을 성도로 변하게 하며 우리 생활을 변화시켜준다. 그리고 이 계시는 분명히 진보적이다. 속죄의 위대한 진리가 처음에는 희미하게 나타나고, 점진적으로 분명해지고, 마침내 신약에 와서 이 진리의 충족함과 아름다움이 현저해진다.

 성경과 더불어 복습

1. 인간에게 특별계시가 왜 필요하게 되었는가? 롬 5:12

2. 하나님이 보시기에 인간의 상태는 어떠했는가? 시 14:2-3

3. 왜 우리는 일반계시로써는 하나님의 뜻을 온전히 따를 수 없는가?
   사 48:8; 렘 17:9

4. 특별계시의 목적은 무엇인가? 요 3:16; 엡 5:14

_____

5. 불과 구름과 더불어 나타나신 하나님은 결국 무엇을 알게 해주신 것인가?
출 3:2, 33:9

_____

6. 다음의 성구를 살펴보면, 그 가운데 나타나신 분이 삼위 중 누구이신 것을 알 수 있는가? 창 31:11; 출 23:20-23

_____

7. 하나님이 이 땅에 직접 나타나신 최상의 상태는 무엇이었는가?
요 1:1, 11-12, 14

_____

8. 하나님은 인간과 직접 말씀하실 기회가 있었는가?
민 12:6-8; 신 5:1-5, 24, 27

_____

9. 신자들의 마음속에서 직접적으로 이끄시는 하나님의 역사는 그 궁극적인 목적이 무엇인가? 신 30:6; 요 6:44

_____

10. 성령은 우리 신자들의 마음속에서 어떠한 일을 이루시고 계신가?
 살전 1:5; 고전 2:12

11. 하나님이 이적을 행하시는 목적은 무엇인가? 출 10:1-2; 요 11:42-44

12. 우리 인간에게 하나님의 이적이 최상의 목적으로 수행된 것은 무엇인가?
 마 1:18, 20, ↔ 요 3:16

13. 특별계시의 궁극적 목적은 무엇인가? 요 3:16

14. 하나님의 비밀이 우리에게 직접 나타나 효력을 발생한 그 주체는 무엇인가? 골 1:26-27

15. 특별계시의 특성에 있어서 그 모든 능력은 어디로부터 나오는가?
 롬 1:16; 고전 1:18

'특별계시'란 말은 한 가지 의미로만 사용된 것이 아니다. 이 말은 메시지 전달과 이적적 사실을 통한 하나님의 직접적인 자기 전달을 의미하는 것이다. 선지자들과 사도들은 이따금 기록하라는 하나님의 명령을 받기 오래 전에도 하나님으로부터 메시지를 받아왔다. 현재 이 메시지들이 성경에 포함되어 있지만, 이것이 성경 전체의 구성요소가 된 것은 아니다. 성경에는 초자연적 방법으로 계시되지 않은 것이 많이 있지만 연구와 전에 받은 영감의 결과도 많이 포함되어 있다. 그러나 특별계시란 말은 진정한 역사적 기반을 가진 구속적 진리와 구속적 사실의 총체인 성경 전체를 표현하는데 사용된다. 그런데 이 구속적 진리와 구속적 사실들은 성경에 나타난 진리이며, 이 성경이 성령에 의하여 무오(無誤)하게 영감 되었다는 사실이 구속 진리의 신적 보증이 된다고 할 수 있다. 이러한 사실로 보아 모든 성경만이 인간을 위한 하나님의 특별계시라고 할 수 있는데, 이 하나님의 특별계시는 성경을 근거하여 지금도 생명과 광명과 거룩함을 제공하여 주는 것이다.

1. 영감에 의해 기록된 성경

모든 성경은 하나님의 영감(靈感)에 의해 쓰인 것이며, 믿음과 행위의 절대 표준인 것이다. 어떤 사람은 성경의 영감교리를 간혹 부인하기도 하지만, 이는 잘못이다. 왜냐하면 성경의 영감교리는 인간의 창작적 산물이 아니라, 성경에 근거한 교리이기 때문이다. 여기에서는 영감의 성질과 범위에 대한 바른 학설만 제시한다.

(1) 유기적 영감설(Organic Inspiration)

영감에 대한 성경적 견해는 성령께서 성경의 저자들을 유기적(有機的)인 방법으로 감동시켜, 그들의 내적 인간성, 곧 저자들의 성격과 기질, 은사와 재능, 교육과 교양, 용어와 문체를 그대로 사용하여 조화를 이루게 하셨다는 것이다. 성령께서는 저자들의 마음을 조명하셨고, 기억을 새롭게 하여 기록하도록 고취시키셨고, 기록함에 있어 죄의 영향을 받지 않도록 주장하셨으며, 그의 사상을 표현함에 있어 심지어 용어 선택까지도 지도하셨던 것이다. 성령께서는 한순간이라도 저자들의 능력을 자유롭게 내버려 두지 않으셨다. 그들은 자신의 연구조사의 결과를 쓸 수 있었고, 그들 자신의 경험도 기록할 수 있었으며, 자신의 문체나 용어의 특징을 나타낼 수도 있었던 것이다.

(2) 완전 영감(Plenary Inspiration)

성경 자체의 증명에 따르면, 성경의 모든 부분이 영감되었다고 한다. 예수님과 사도들은 어떤 난제를 해결하기 위하여 '성경'(Scripture) 또는 '성경들'(the Scriptures)이라 하면서 구약성경을 자주 인용했다. 그와 같은 호소는 곧 하나님에 대한 호소와 같은 것이었다. 그런데 그들이 인용한 구약의 책들 중에 어떤 책은 역사서라는 것을 명심해야 한다. 히브리서는 하나님의 말씀, 혹은 성령의 말씀인 구약의 구절을 계속 인용한다. 베드로는 바울의 서간을 구약의 문서들과 동일한 위치에 두었고(벧후 3:16), 바울은 모든 성경은 영감된 것이라고 했다(딤후 3:16). 우리는 보다 깊은 단계에 들어가 성경의 영감이 사용된 낱말에까지 확장된다고 말할 수 있다. 성경이 축자적(逐字的, verbally)

> 으로 영감되었다고 해서 기계적으로 영감되었다는 말은 아니다. 축자적 영감교리는 완전히 성경에 근거한 교리이다.

 성경과 더불어 **복습**

1. 성경이 기록되는 데에는 순수한 사람의 생각과 지혜가 영향을 미칠 수 있었는가? 고전 2:13; 딤후 3:16

2. 하나님은 어떤 방법으로 성경을 기록하셨는가? 딤후 3:16

3. 성경을 기록하도록 직접 관여하신 이는 누구이신가? 출 17:14; 사 8:1

4. 성경 기록자들은 어떤 마음가짐으로 성경을 기록하였는가?
   렘 36:27; 고전 2:13

5. 결국 성경은 누구의 약속을 기록한 것인가? 출 34:27

6. 다음 성구에서 바울의 생각을 실제로 주장하신 분은 누구인가?

   고전 14:37; 고후 13:3

   _____

7. 성경 중에서 어느 부분은 하나님의 의도와 관계없는 것도 있는가?

   왕하 17:13; 히 1:1

   _____

2. 성경의 완전성

　　개혁주의 학자들은 로마가톨릭과 일부 신교 종파와 반대되는 성경 영감론을 택한다. 로마가톨릭은 성경의 권위를 교회에 두었는데 반하여, 개혁주의는 성경의 권위가 영감된 하나님 말씀 자체에 있다고 주장한다. 개혁주의자들은 교회가 성경의 절대적 필요성을 인정하지 않는다는 로마가톨릭의 주장에 반대하며, 하나님 백성의 마음 속에 역사하는 성령의 내적 조명이나 성령의 말씀을 성경보다 높이는 개혁파 일부 종파들의 견해에도 반대하여, 은혜의 신적(神的) 방편으로서의 성경의 필요성을 주장한다. 또 그들은 로마가톨릭과는 반대로 성경의 명백성을 옹호한다. 또 그들은 성경에는 인간이 이해하기에 너무 심오한 신비로운 진리들을 포함하고 있음을 부인하지 않으면서 구원에 필요한 지식은 성경 어디에서나 동일하게 분명하지는 않지만 단순한 방법으로 전달된 것이므로 구원을 열망하는 자라면 누구나 교회나 성직자의 해석에 의존하지 않고 스스로 이 구원의 지식을 얻을 수 있다고 주장한다.

> 끝으로 개혁주의자들은 성경의 충족성을 옹호했으므로, 로마가톨릭의 전통의 필요성과 재침례파의 내적 조명의 필요성을 부인했다.

 **성경과 더불어 복습**

1. 성경만으로는 인간이 구원받는 길을 알기에 불충분한가? 시 19:6-8

___

2. 죄로 부패한 인간을 과연 성경이 완전하게 할 수 있는가? 시 119:97-105

___

3. 성경의 말씀의 효력은 언제까지인가? 시 119:160; 사 40:8

___

4. 하나님은 자신의 뜻을 따라 기록한 성경으로 자신이 하고자 하신 목적을 다 이루실 수 있는가? 사 55:10-11

___

5. 우리 인간에 의해 성경이 좀 더 보충되어야 할 필요가 있는가?
   렘 23:28-31; 계 22:18-19

___

제 2 부

신론(序論)

하나님의 본질
하나님의 명칭과 속성
삼위일체
하나님의 작정
하나님의 창조
하나님의 섭리

05 하나님의 본질

1. 하나님에 관한 지식

인간이 하나님을 완전히 알 수 없음은 사실이다. 그렇다고 인간이 하나님에 관한 어떠한 지식도 가질 수 없다는 말은 아니다. 인간은 하나님을 단지 부분적으로 알 수 있으니 그나마 인간 자신의 능력에만 맡겨두면 인간은 하나님을 발견할 수도 없게 될 것이다.

(1) 선천적 지식(Innate Knowledge)

인간은 하나님에 관한 선천적(先天的) 지식을 갖는다. 그렇다고 하나님의 형상대로 지음 받은 인간이 하나님을 알만한 자연적인 능력을 소유했다는 말은 아니다. 또한 인간이 나면서부터 하나님에 관한 어떤 지식을 세상에 가지고 태어났다는 것도 아니다. 이것은 단지 정상적인 상태 하에서 인간에게 하나님에 관한 일정한 지식이 자연히 생겨났다는 것을 의미하는 것이다. 물론 이 지식은 일반적 성질의 지식인 것이다.

(2) 후천적 지식(Acquired Knowledge)

인간은 하나님의 일반계시와 특별계시를 통하여 배움으로 하나님에 관한 지식을 획득한다. 이 지식은 하나님 지식에 대한 인간의 의식적이고, 계속적인 추구의 결과인 것이다. 이 지식은 인간으로 하여금 하나님에 관한 선천적 지식의 영역을 넘어서게 한다.

 성경과 더불어 복습

1. 인간은 전혀 하나님을 알 수 없는 상태로 태어났는가? 시 8:3-4

2. 인간이 하나님을 완전히 알 수 있는가? 욥 11:7; 시 139:6

3. 어떤 방법으로 하나님을 알 수 있는가? 요일 5:20

4. 성령은 우리가 하나님을 아는데 어떤 일을 하시는가? 요 15:26; 갈 4:6

5. 베드로의 신앙고백은 누구의 도움으로 가능했는가? 마 16:16-17

6. 하나님을 아는 것은 우리에게 어떤 유익을 주는가? 요 17:3

---

2. 특별계시에 나타난 하나님에 관한 지식

하나님을 정의하기란 불가능하지만, 하나님의 존재에 대한 일반적인 서술은 가능하다. 아마 하나님을 무한한 완전성을 지니신 순수한 영이시라고 말하는 것이 가장 적합할 것이다. 이러한 서술방법은 다음과 같은 요소들을 내포하고 있다.

(1) 하나님은 순수한 영(靈)이시다.

이 말은 하나님이 본질적으로 영이시며, 영의 완전한 관념에 속하는 모든 특질들이 하나님 안에 있다는 것이다. 하나님이 순수한 영이시라는 사실은 하나님은 어떤 종류의 육체를 가지셨거나 인간의 눈으로 볼 수 있는 분이라는 개념을 부인한다.

(2) 하나님은 인격적이시다.

하나님이 영이시라는 사실은 그의 인격성을 뜻한다. 왜냐하면 영이란 지적이고 도덕적인 존재이기 때문이다. 그리고 우리가 하나님을 인격적 존재라고 말할 때, 하나님이 자신의 생활과정을 결정하실 수 있는 이성적 존재임을 의미하는 것이다.

(3) 하나님은 무한히 완전하시다.

하나님은 무한한 완전성으로 말미암아 모든 피조물과 구별되신다. 하나님은 그의 존재하심과 선하심에 있어서 제한을 받지 않으시며 완전하시다. 하나님은 한계나 제한이 없으실 뿐 아니라, 도덕적 완전성과 영광스런 존엄으로 모든 피조물 위에 뛰어나신 분이시다.

(4) 하나님과 그의 완전성은 동일하시다.
　단순성이란 하나님의 근본적인 특성 중의 하나인데, 이것은 하나님이 이질적(異質的)인 요소들로 이루어지신 분이 아니시며, 그의 존재하심과 속성이 동일하시다는 것을 의미하는 것이다.

 성경과 더불어 **복습**

1. 성경은 하나님에 대해 어떻게 말하고 있는가? 요 4:24

___

2. 영이신 하나님을 인간의 상태에서 확인할 수 있는가? 딤전 6:16

___

3. 하나님이 물건이나 우상과 구별되어야 할 이유는 무엇인가? 렘 10:10-16

___

4. 예수님은 자신과 하나님이 동일 본질이심을 전제하시면서 제자들에게 "나를 본 자"라고 하셨을 때, 무엇에 관점을 두셨는가? 요 14:9; ↔ 요 14:6

___

5. 하나님에게 부족하신 것이 있을 수 있는가? 욥 35:5-7

_____

6. 하나님과 비교할 수 있는 다른 무엇이 있을 수 있는가? 사 40:18; 출 15:11

_____

7. 다음의 성구들은 하나님을 어떻게 말씀하고 있는가?
   ① 신 32:4

   _____

   ② 민 16:22, 27:16

   _____

   ③ 요일 1:5; 약 1:17

   _____

   ④ 요일 4:8; 요 3:16

   _____

   ⑤ 렘 12:1; 사 63:1

   _____

06 하나님의 명칭과 속성

1. 하나님의 명칭

성경은 하나님의 명칭을 단수로 가끔 말하는데, 그런 경우에 그 명칭은 일반적으로 특별히 그의 백성과의 관계에서(출 20:7; 시 113:3) 하나님을 표명하는 칭호이며, 또는 단순히 하나님 자신을 나타낸다(잠 18:10; 사 50:10). 하나님의 하나의 일반적인 명칭은 다면적 존재성을 표현해 주는 여러 개의 특수한 명칭들로 나눌 수 있다. 이러한 명칭들은 인간이 조작해낸 용어가 아니라, 하나님 자신에 의해 주어진 명칭이다.

(1) 구약에 나타난 명칭

구약 명칭들 중 어떤 것들은 하나님이 지고(至高)하신 분임을 나타낸다. 엘(El)과 엘로힘(Elohim)은 하나님이 강하고 능력이 있으신 분으로 마땅히 경외의 대상임을 지적해 주며, 엘욘(Elyon)은 숭고한 자, 즉 숭배와 예배의 대상으로서 하나님의 지고성(至高性)을 지시해 주고, 아도나이(Adonai)는 항상 모든 인간의 소유주와 지배자인 '주'를 뜻한다.

또 다른 명칭들은 하나님이 그의 피조물과 우호적 관계에 들어간다는 것을 표현해 준다. 족장들이 부르던 명칭은 하나님의 위대성을 강조하는 '샤다이' 또는 '엘 샤다이'라는 명칭인데, 이는 자기 백성의 위안과 축복의 근원되신 하나님을 강조하신 명칭이다. 유대인들에 의해 신성시되던 하나님의 가장 존엄한 명칭은 '야웨'인데, 이 명칭의 기원과 의미는 출애굽기 3:14-15에 나타나 있다. 이 명칭은 하나님이 항상 동일하시며, 특별히 그의 언약 관계에서 불변하시며, 그의 약속성취에 있어 신실하심을 말해준다. 또 이 명칭은 가끔 '만군의 여호와'라는 강한 형태로 나타나기도 하는데, 이는 천군천사에 의해 둘러싸인 영광의 왕 되신 여호와를 묘사한 것이다.

(2) 신약에 나타난 명칭

신약의 명칭은 구약명칭들을 헬라어로 표시한 것뿐이다.

① 하나님(Theos)

이는 단순히 하나님을 가리키는 용어로서 신약에 나타난 가장 보편적인 명칭이다. 이 명칭은 자주 '나의 하나님' '당신의 하나님' '우리의 하나님' '당신들의 하나님' 등과 같이 소유격으로 표시된다. 하나님은 그리스도 안에서 그의 자녀들 개개인의 하나님이시다.

② 주(主, Kurios)

이 명칭은 하나님을 나타낼 뿐 아니라, 그리스도를 말하는 '주님'을 지칭하는 말이다. 이 명칭은 의미상으로 볼 때 '아도나이'에 가깝지만, 아도나이와 여호와의 양면적인 용어로서, 만물의 소유주요 특히 그의 백성의 소유주이시며 지배자이신 하나님을 지칭하는 용어이다.

③ 아버지(Pater)

신약의 이 명칭은 신약에서 모든 신자들의 아버지 되시는 하나님을 지칭하므로 보다 개인적인 명칭인 것이다. 어떤 때는 이 명칭이 만물의 창조주 되신 하나님을 지칭하기도 하며(고전 8:6; 엡 3:14; 히 12:9; 약 1:17), 또 그리스도의 아버지 되시는 삼위의 제1위를 지칭하기도 한다(요 14:11, 17:1).

 성경과 더불어 **복습**

1. 구약에 나타난 하나님의 명칭을 정리해 보자.

   창 1:1; 출 3:14-15, 6:3; 시 86:8; 말 3:6

2. 신약에 나타난 하나님의 명칭을 정리해 보자. 마 6:9; 계 4:8; 요 14:11, 17:1

2. 하나님의 속성(屬性)

> 하나님께서는 자기 자신을 그의 명칭 가운데 계시하실 뿐 아니라, 그의 속성 즉 신적(神的) 존재의 완전성 가운데서 자기 자신을 계시하신다. 이 하나님의 속성은 비공유적(절대적) 속성과 공유적(보편적) 속성으로 구별되는데, 비공유적 속성은 피조물에게서는 그 흔적도 찾아볼 수 없으나, 공유적 속성은 피조물에게서도 찾아볼 수 있는 속성이다.
>
> ### (1) 절대적 속성(非共有的 屬性)
> 절대적 속성(비공유적 속성)은 하나님과 피조물이 절대적으로 구별됨을 강조하는데 다음과 같은 속성들이 있다.
>   ① **하나님의 독립성(自存性)**
>   이 속성(屬性)은 하나님께서 자기 자신 안에서 자신의 존재의 기

반을 가지시며, 인간과는 달리 자기 자신 외에 어떤 것에도 의존하시지 않으신다는 것을 의미하는 것이다(自存性).

② **하나님의 불변성(不變性)**

성경은 하나님께서 불변하신 분이심을 가르쳐 준다. 하나님은 그의 신적 존재와 자신의 완전성에 있어서 영원히 동일하시며, 자신의 목적과 약속에 있어서도 언제나 동일하신 분이시다(민 23:19; 시 33:11, 102:27; 말 3:6; 히 6:17; 약 1:17).

③ **하나님의 무한성(無限性)**

이 속성은 하나님이 제한을 받지 않으시는 분이심을 의미한다. 우리는 하나님의 무한성에 대해 몇 가지 면을 말할 수 있다.

- **a. 절대적 완전성** : 하나님의 존재와 관련시켜 하나님의 무한성을 생각할 때, 절대적 완전성이라 부른다. 하나님은 그의 지식과 지혜에 있어서나, 그의 선과 사랑에 있어서나, 그의 의와 거룩하심에 있어서 제한을 받지 않으신다(욥 11:7-10; 시 145:3).
- **b. 영원성** : 하나님의 무한성을 시간과 관련시켜 말할 때, 하나님의 영원성이라 부른다. 영원이란 성경에서 항상 끝없는 기간으로 표현되지만(시 90:2, 102:12), 실제로는 하나님께서는 시간을 초월하시므로 시간의 제한을 받지 않으신다는 것을 의미하는 것이다.
- **c. 무변성(無邊性)** : 하나님의 무한성을 공간과 관련시켜 말할 때, 하나님의 무변성(편재성)이라 부른다. 하나님께서는 어느 곳에든지 존재하시며, 모든 공간을 채우시면서, 모든 피조물 가운데 거하시지만, 결코 공간에 의해 제한을 받지 않으신다(왕상 8:27; 시 139:7-10; 사 66:1; 렘 23:23-24; 행 17:27-28).

④ **하나님의 단일성(단순성)**

하나님의 단순성이란 하나님께서는 영과 육으로 형성된 것처럼 여러 부분의 성질로 이루어지신 분이 아니므로, 나누이지 않으시는 분임을 의미한다.

(2) 보편적 속성(共有的 屬性)

하나님의 보편적 속성(공유적 속성)은 인간에게서도 유사한 것을 찾아볼 수 있는 속성이다. 그러나 명심해야 할 것은 인간에게 있는 속성은 유한하며, 하나님의 무한하고 완전한 속성에 비할 때 불완전한 속성이라는 것이다.

① 하나님의 지식(知識)

하나님의 지식이란, 하나님의 독특한 방법으로 그 자신을 아시며, 가능성 있는 일과 실재하고 있는 일을 다 아시는 그의 완전성이라고 정의할 수 있다. 또 이 지식은 총포괄적이므로 전지(全知)라고 칭한다.

② 하나님의 지혜(智慧)

하나님의 지혜는 최고의 가치 있는 목적을 설정하시고, 그 목적의 실현을 위해 최선의 방법을 택하시므로 자신의 지식을 나타내시는 그의 덕행이다.

③ 하나님의 선(善)

하나님은 그 자신이 선이시다. 즉 완전히 거룩한 선이시다. 하나님의 선이란, 자신으로 하여금 모든 피조물을 친절하고 관대하게 취급하도록 자극시키시는 신적 완전성을 말한다(시 36:6, 104:21, 145:8-9, 16; 마 5:45; 행 14:17).

④ 하나님의 사랑(愛)

하나님께서는 이 사랑의 속성에 의해 자신의 완전성과 자기형상의 반영체인 인간을 보고 즐거워하신다. 이 속성은 몇 가지 관점에서 고찰된다.

  a. **은혜**(grace) : 죄를 용서하시므로 나타내시는 하나님의 과분한 사랑을 하나님의 은혜라고 부른다(엡 1:6-7, 2:7-9; 딛 2:11).
  b. **자비**(mercy), **긍휼**(tender compassion) : 죄의 결과를 짊어진 자들의 비참을 제거하려는 사랑을 하나님의 자비 또는 긍휼이라고 말할 수 있다(눅 1:54, 72, 78; 롬 15:9, 9:16, 18; 엡 2:4).

c. **오래 참으심**(long suffering) : 하나님의 교훈과 경고에 무관심한 죄인들을 용서해 주시는 하나님의 사랑을 하나님의 오래 참으심 또는 관용이라고 칭한다(롬 2:4, 9:22; 벧전 3:20; 벧후 3:15).

⑤ **하나님의 거룩하심(聖)**

모든 피조물들과 절대적으로 구별되시며, 무한한 존엄으로 모든 피조물을 초월하시는 신적 완전성이라 말할 수 있다. 또 하나님은 모든 도덕적 불순성이나 죄로부터 구별되시므로 도덕적으로 완전하심을 의미한다. 거룩하신 하나님 앞에 설 때 인간은 죄를 깊이 깨닫게 된다(욥 34:10; 사 6:5; 합 1:13).

⑥ **하나님의 의(義)**

하나님이 자신의 거룩성에 위배되는 모든 것으로부터 자신을 거룩한 존재로 보존하시는 신적 완성이라 정의할 수 있다.

a. **상 주시는 공의(公義)** : 보상을 줌으로 나타내시는 하나님의 공의를 말한다(실제적 사랑의 표현).

b. **벌 주시는 공의(公義)** : 벌을 내리심으로 나타내시는 하나님의 공의를 말한다(하나님의 진노).

⑦ **하나님의 진실성(眞實性)**

하나님이 그의 내적 존재하심에 있어서 참되시며, 그의 계시에 있어서 참되시며, 그의 백성과의 관계에 있어서 항상 참되심을 나타내시는 신적 완전성이라 할 수 있다.

⑧ **하나님의 주권(主權)**

하나님의 주권은 두 가지 관점(주권적 의지와 주권적 능력)에서 고찰될 수 있다.

a. **주권적 의지** : 하나님의 의지(意志)는 만물의 궁극적 원인으로 나타난다(엡 1:11; 계 4:11). 피조물들에 관계된 하나님의 의지는 절대적으로 자율적이시며, 인간의 죄 된 행위까지도 하나님의 주권적 의지작용에 달려있다(창 50:20; 행 2:23).

b. **전능(주권적 능력)** : 전능(주권적 능력)이란 하나님의 의지를 집행하시는 능력을 말한다. 이것은 하나님께서 성취하기로 결정하셨던 것이면 무엇이든지 그의 뜻을 따라 수행하실 수 있다는 것을 의미하는 것이며, 그가 원하시면 그 이상으로 행하실 수 있다는 것을 의미하는 것이다(창 18:14; 렘 32:27; 슥 8:6; 마 3:9, 26:53).

 성경과 더불어 복습

1. 다음 성구에 나타난 하나님은 그의 속성에 있어서 어떠한 분이심을 나타내고 있는가? 시 33:11; 요 5:26; 행 17:25

   _____

2. 하나님의 시작과 끝은 어디서 어디까지라고 말할 수 있는가?
   시 90:2-4; 사 40:28

   _____

3. 하나님과 그의 속성은 같은가, 아니면 다를 수도 있는가?
   렘 23:6; 히 12:29

   _____

   _____

4. 하나님이 무엇을 아시고자 하실 때, 그 자신 외에 어떤 피조물로부터 도움을 받으셔야 할 필요가 있을까? 시 147:5; 요 21:17

5. 우리 인간도 하나님의 형상대로 지음을 받은 상태이니 하나님의 지혜를 알 수 있지 않을까? 롬 11:33, ↔ 고전 2:7-8

6. 하나님의 은혜가 우리 인간에게 구체적으로 나타난 것은 무엇인가?
   엡 1:6-7, 2:7-9

7. 하나님의 자비와 긍휼을 힘입을 수 있는 방법이 인간 스스로에게 있는가?
   롬 9:15-16

8. 우리가 회개할 수 있는 기회를 가질 수 있는 것은 하나님의 사랑 중 어떤 면에 의해서인가? 롬 2:4, 9:22

9. 하나님이 그 피조물과 구별되어야 할 근본적 이유는 무엇인가?
   출 15:11; 사 57:15

10. 거룩하신 하나님 앞에 설 때, 인간은 무엇을 깊이 깨닫게 되는가?
    사 6:5; 눅 5:8

11. 하나님의 의는 실제로 우리 인간에게 무엇 무엇으로 나타나는가?
    시 11:4-7

12. 하나님의 의지 안에는 인간의 죄된 행위는 포함될 수 없는가?
    창 50:20; 출 7:3-4

13. 하나님의 능력의 손길이 그 백성을 구원하시기 위해 최상의 사건으로 나타난 것은 무엇인가? 롬 10:9; 약 4:12-15

삼위일체(三位一體)

1. 삼위일체의 교리 개관

성경은 가르치기를 하나님은 본질상 한 분이시나 이 한 분 안에 성부, 성자, 성령이라 불리는 삼위가 존재한다고 말한다. 이 삼위는 보편적 의미로서의 세 분이 아니다. 즉 그들은 세 개체가 아니라 오히려 신적 본질이 그 안에 존재하는 세 가지 양상이요, 형태인 것이다. 동시에 이들은 서로 인격적 관계를 확립할 수 있는 성질을 각각 가지고 있다. 성부는 성자에게 말씀하실 수 있으며, 반대로 성자는 성부에게 말씀하실 수 있으며, 성부와 성자는 성령을 파송할 수 있는 것이다.

삼위일체 교리의 오묘한 신비는 삼위 중 각 위가 신적 본질의 완전성을 소유하고 있으며, 삼위의 테두리를 벗어나 밖에서 존재할 수 없다는 것이다. 그런데 존재의 순서에 있어서나 그들의 사역에 반영된 순서에서 볼 때 삼위 중 성부가 제1위요, 성자가 제2위요, 성령이 제3위라고 말할 수는 있지만, 이 세 위는 본질상 그 어느 한 위가 다른 위에 종속되는 일이 없다.

 **성경과 더불어 복습**

1. 다음의 성구에서 하나님은 어떻게 표현되고 있는가? 창 1:26, 11:7

   _____

2. 다음의 성구에서 하나님의 천사는 어떻게 표현되고 있는가? 창 16:7-13

   _____

3. 다음의 성구에서 하나님의 영은 어떻게 표현되고 있는가?
   사 48:16, 63:10

   _____

4. 인간의 구속 사역을 위해 성부와 성자의 관계는 어떠한가? 요 12:44-50

   _____

5. 인간의 구속 사역을 위해 성자와 성령의 관계는 어떠한가? 요 15:26; 롬 8:9

   _____

6. 우리가 하나님의 아들로 인침을 받는데 있어서 삼위 하나님은 어떤 관계를 가지시는가? 마 28:19

   _____

7. 우리가 하나님의 은혜 가운데 살고자 할 때, 삼위의 하나님은 어떤 관계를 가지시는가? 고후 13:13

___

2. 삼위의 각 특성

(1) 성부 하나님

'아버지'란 말은 만물의 창조자(고전 8:6; 히 12:9; 약 1:17)요, 이스라엘의 아버지요(신 32:6; 사 63:16), 성도들의 아버지(마 5:45, 6:6, 9, 14; 롬 8:15) 되시는 삼위 하나님께 적용되는 말이다. 더 깊은 의미로 보면, 성부란 말은 제2위와의 관계를 표현하기 위해 삼위일체의 제1위에 적용되는 용어이다(요 1:14, 18, 8:54, 14:12-13). 이것은 본래부터 아버지 격이므로 지상의 모든 아버지는 이것의 희미한 반영에 불과한 것이다. 성부의 독특한 특성은 그가 영원으로부터 성자를 낳으신다는 것이다. 특별히 그의 사역은 구속사업을 계획하시며, 창조하시며, 섭리하시며, 삼위일체를 구속의 계획 속에서 나타내는 일이다.

(2) 성자

삼위 중 제2위는 성자 또는 하나님의 아들이라고 불린다. 그러나 성자가 이러한 명칭을 가지게 된 것은 그가 성부의 독생자(요 1:14, 18, 3:16, 18; 갈 4:4)일 뿐 아니라 하나님의 선택된 메시아가 되기 때문이며(마 8:29, 26:63; 요 1:49, 11:27), 성령의 작용으로 말미암은 그의 특별한 탄생에 의한 것이다(눅 1:32, 35). 삼위 중 제2위인 성자의 특별한 특성은 그가 영원 전부터 성부에게서 출생했다는 것이다(시 2:7; 행 13:33; 히 1:5). 영원한 출생에 의해서 성부는 신적 존재에 있어 성자의 인격적 존재의 원인이 되신다. 특별히 성자의 사역은 중재의 사명이므로, 그는 창조의 사역을 중재하셨고(요 1:3, 10; 히 1:2-3), 또 구속의 사역도 중재하신다(엡 1:3-14).

(3) 성령

성령은 분명히 하나의 인격이라고 성경은 우리에게 가르쳐 주고 있다(요 14:16-17, 26, 15:26, 16:7-15; 롬 8:26). 성령은 지식(요 14:26)과 감정(사 63:10; 엡 4:30)과 의지(행 16:7; 고전 12:11)를 가지신다. 성령의 특별한 특성은 그가 성부와 성자로부터 발생된다는 것이다(요 15:26, 16:7; 롬 8:9; 갈 4:6). 성령의 사명은 창조와 구속을 완성하는 것이라 할 수 있다(창 1:3; 욥 26:13; 눅 1:35; 요 3:34; 고전 12:4-11; 엡 2:22).

 성경과 더불어 복습

1. 성부 하나님과 그리스도는 어떠한 관계인가? 요 1:14, 18, 8:54

2. 성부 하나님은 우리 인간을 위해 어떠한 계획을 가지고 계신가?
   요 3:16-17

3. 성부 하나님은 자녀된 성도들을 위해 어떤 일을 계속 하시는가?
   롬 8:31-39

4. 성자 예수님이 하나님의 아들이라는 명칭을 갖는 것은 성부 하나님의 독생자 외에 어떤 직임이 있기 때문인가? 마 26:63; 요 11:27

5. 예수님의 탄생에서, 그가 하나님의 아들이라 불림을 받아야 할 마땅한 이유는 무엇인가? 눅 1:32, 35

6. 다음의 성구는 성자 예수님의 탄생을 어떻게 말해주고 있는가?
   시 2:7, ↔ 요 1:1-3

7. 하나님의 창조 사역에 있어서 성자 예수님의 역할은 무엇인가?
   요 1:1-3; 히 1:2-3

8. 성령은 누구로부터 보내심을 받는가? 요 15:26; 갈 4:6

9. 성령은 스스로 감정과 의지를 갖고 나타낼 수 없는가?
   행 16:7; 엡 4:30; 고전 12:11

   _____

10. 성령은 그 자신의 능력과, 하나님의 사역과, 성자 예수님의 사역과는 어떤 관계를 가지는가? 행 10:38; 고전 2:4-5

    _____

    _____

하나님의 작정 (作定)

1. 하나님의 작정의 일반적 의미

하나님의 작정이란, 하나님께서 장차 발생할 모든 일들을 미리 정하시는 그의 영원하신 계획 혹은 영원하신 목적이라 정의할 수 있다. 이 하나님의 작정은 여러 가지 특성을 내포하고 있기 때문에 실질상은 단일한 작정이지만, 우리는 가끔 하나님의 작정을 복수형으로 말하곤 한다. 하나님의 작정은 창조와 구속에 있어서 하나님의 모든 사역을 포함하며, 인간의 죄된 행위를 제외한 모든 행위를 내포한다.

하나님의 작정은 인간이 항상 이해할 수 없으므로 하나님의 지혜에 근거한 것이며, 영원 전에 형성된 것이므로 영원적이다(엡 3:11). 하나님의 작정은 효과적이므로 작정 안에 있는 모든 것은 분명히 발생한다(사 46:10). 하나님의 작정은 불변적이다. 왜냐하면 하나님은 신실하시고 참되신 분이시기 때문이다(욥 23:13-14; 사 46:10; 눅 22:22). 하나님의 작정은 무조건적이다. 즉 하나님의 계획의 성취는 인간의 어떤 행위에 근거하지 않으시고 오히려 인간의 행위를 명백히 하신다. 하나님의 작정은 총포괄적이어서, 하나님의 작정 안에 인간의 선악간의 행위(엡 2:10; 행 2:23)와 일어날 수 있는 모든 사건(창 50:20)과 인간 생명의 기간(욥 14:5; 시 39:4)과 거할 장소(행 17:26)

> 까지도 포함된다. 하나님의 작정이 세상에 들어온 죄와 관련지을 때는 허용적이다.

 성경과 더불어 복습

1. 인간이 하나님의 작정을 이해할 수 있는가? 롬 11:33; 엡 3:9-11; 고전 2:6-9

   _____

2. 하나님의 작정하심의 시작은 언제부터인가? 시 33:11; 엡 1:4-11

   _____

3. 하나님의 작정이 때로는 다른 어떤 것들에 의해서 무산될 수 있는가?
   사 46:10; 히 6:17-18

   _____

4. 하나님의 작정하심에 따라 선택된 성도가 장차 누릴 영생을 확신할 수 있는 근거는 무엇인가? 욥 23:13-14; 눅 22:22

   _____

5. 하나님의 작정 안에 인간의 악한 행위도 포함되는가? 창 50:20; 행 2:23

   _____

6. 하나님의 작정이란, 어떤 조건하에서 이루어질 것을 미리 예지하셨다는 것인가, 아니면 그 모든 사건, 형태, 생명까지를 직접 작정하셨다는 것인가?
롬 9:11-18

2. 하나님의 예정

예정이란, 도덕적 피조물을 향한 하나님의 계획과 목적인 것이다. 예정 속에는 선인과 악인, 즉 모든 인류, 천사와 마귀, 중보자이신 그리스도를 포함한다.

(1) 선택

선택이란 인류 중 얼마를 예수 그리스도 안에서 예수 그리스도로 말미암아 구원하려는 하나님의 영원한 목적이라고 정의할 수 있다.

(2) 유기(遺棄, 버리심)

선택교리는 하나님이 인생 전부를 다 구원하기로 예정하지 않으셨다는 것을 자연히 암시해 준다. 하나님께서 인생 중 일부만을 구원하시기로 목적하셨다는 말은 나머지는 자연히 구원하지 않기로 목적하셨다는 것임을 알 수 있다. 그러므로 유기란 하나님의 특별한 은혜의 작용 속에서 어떤 사람을 간과하시고, 그들의 죄를 따라 그들에게 벌하시려는 하나님의 영원한 목적이라 정의할 수 있다.

 **성경과 더불어 복습**

1. 우리(성도)가 하나님을 선택한 것인가, 하나님이 우리(성도)를 선택한 것인가? 마 22:14; 롬 11:5-7

2. 우리(성도)를 택하시되 어떤 방편으로 택하셨는가? 엡 1:4

3. 하나님이 인간 전체 중 얼마를 구원하시기 위해 선택하셨다면, 나머지를 버리는 결정은 누구의 권한에 의해 정해지는가? 롬 9:13-23

4. 하나님의 예정하심에 따라 선택된 무리와, 버림받는 무리가 나누어졌음이 우리(성도)의 신앙에 어떤 결과로 나타나야 하는가?
눅 10:20; 롬 11:20; 엡 1:6; 벧후 1:10

5. 하나님의 예정은 과연 불공평한 것인가? 대하 19:7; 렘 9:24; 롬 9:19-21

09 하나님의 창조

작정의 시행은 창조 사업부터 시작된다. 이 창조사업은 모든 계시의 시작이요, 기초이며 모든 종교생활의 근원인 것이다.

1. 창조에 관한 일반적 고찰

창조란 말은 성경에서 항상 동일한 의미로 사용되지는 않는다. 엄밀한 의미로 정의하자면 창조란 하나님께서 그의 영광을 나타내시기 위해 부분적으로는 먼저 있었던 물질을 사용하지 않고 창조하시고, 한편으로는 본질상 불충분한 물질로부터 우주와 그 안에 있는 만물을 산출해 내신 하나님의 사역이라고 정의할 수 있다. 창조사역은 삼위일체 하나님의 사역으로 나타나 있다(창 1:2; 욥 26:13, 33:4; 시 33:6; 사 40:12-13; 요 1:3; 고전 8:6; 골 1:15-17).

(1) 창조의 시기

성경은 우리에게 하나님께서 태초에 세상을 창조하셨다는 사실, 곧 현 물질세계의 시작을 가르쳐 준다. 이 태초 전에는 끝없는 영원이 존재한다고 본다. 창조사역의 첫 부분은 엄밀히 무(無)에서의 창조이며, 기존 재료를 사용하지 않은 창조였다(창 1:1).

(2) 창조의 궁극적 목적

성경은 말하기를 하나님께서 자신의 영광을 나타내기 위하여 세상을 창조하셨다고 한다. 자연계에 나타난 하나님의 영광은, 피조물의 찬양을 받기 위해 벌려놓은 하나의 허황한 구경거리로서 꾸며진 것이 아니라, 피조물의 안녕을 촉진시키고, 피조물들로 하여금 창조주를 찬양하도록 이끌어 주는데 그 목적이 있다(사 43:7, 60:21, 61:3; 겔 36:21-22, 39:7; 눅 2:14; 롬 9:17, 11:36; 고전 15:28; 엡 1:5-6, 12, 14, 3:9-10; 골 1:16).

 성경과 더불어 복습

1. 창조의 사역에서 삼위 하나님은 어떤 관계가 있는가?
   창 1:2; 욥 26:13; 요 1:3

2. 하나님이 세상을 무엇으로 창조하셨는가? 창 1:3; 히 11:3

3. 하나님이 창조하신 본래의 세상은 어떠하였는가? 창 1:31

4. 하나님의 창조의 목적은 무엇인가? 사 43:7, 60:21

_____

_____

5. 피조물들의 하나님에 대한 의무는 무엇인가? 사 61:3; 엡 1:5-6, 12, 14

_____

_____

2. 영적 세계의 창조

하나님은 물질계뿐 아니라 영적 세계도 창조하셨다.

현대 자유주의 신학은 영적 세계의 존재를 부인한다. 그러나 성경은 천사들의 존재와 그들의 참 인격성을 증명해 주고 있다(삼하 14:20; 마 24:36; 유 6; 계 14:10). 어떤 학자들은 천사들을 공허한 존재라고 주장하는데, 이는 성경에 어긋나는 이론이다. 천사들은 우수한 영적 존재이며(엡 6:12; 히 1:14, 혹 어떤 때는 육체적 형체를 취하기도 하지만), 살과 뼈도 없으므로(눅 24:39), 볼 수도 없는 존재이다(골 1:16). 천사 중에도 어떤 천사는 선하고 거룩하며, 선택받은 존재(막 8:38; 눅 9:26; 고후 11:14; 딤전 5:21; 계 14:10)인데 반하여, 나머지 천사는 그들 본래의 위치에서 타락함으로 악한 존재가 되고 말았다(요 8:44; 벧후 2:4; 유 6).

 **성경과 더불어 복습**

1. 하나님의 창조에는 천사들까지 포함되는가? 골 1:16

___

2. 천사들이 스스로 생각하고 판단하여 자신의 행위를 가질 수 있는가?
   삼하 14:20; 마 24:36

___

3. 천사들이 때로는 육체의 형태를 취하기는 하지만(왕상 19:5), 뼈와 살이 없으므로 볼 수 없는 것은 무엇 때문인가? 눅 24:39; 히 1:14

___

4. 다음 성구들은 천사들의 하는 일을 어떻게 나타내고 있는가?
   ① 시 103:20; 계 5:11-12

___

   ② 히 1:14

___

   ③ 눅 15:10

___

④ 시 34:7, 91:11; 단 6:22

⑤ 마 13:39, 16:27

⑥ 마 24:31, 눅 16:22

⑦ 단 9:21-23; 슥 1:12-14; 행 7:53

5. 결국 천사들은 누구를 위해 창조되었는가? 골 1:16, 2:10; 히 1:6

6. 악한 천사들은 창조 때부터 악하게 창조되었는가? 벧후 2:4; 유 6

7. 악한 천사들이 하는 일은 무엇인가? 살후 2:4, 9

8. 타락한 천사들의 우두머리는 누구인가? 마 9:34; 눅 11:15-18; 요 8:44

_____

9. 사탄은 우리 속에서 우리로 하여금 어떻게 하도록 하는가?
   눅 22:3; 고후 4:4; 엡 2:2

_____

10. 성도는 마귀를 어떻게 대처해야 하는가? 벧전 5:8-9

_____

하나님의 섭리 (攝理)

하나님께서는 세상을 창조하셨을 뿐 아니라, 창조하신 세상을 유지하시고 계시기 때문에 자연히 창조교리 다음에는 섭리교리를 생각하는 것이 합당한 것이다. 섭리란 하나님께서 그의 모든 피조물을 보존하시며, 세상에 발생하는 모든 사건 속에서 활동하시며, 만물을 정해진 목적에 맞도록 이끄시는 하나님의 사역이라고 정의할 수 있다. 섭리는 세 가지 요소를 포함하는데, 그 첫째는 존재에 관계된 것이며, 둘째는 활동에 관한 것이며, 셋째는 만물의 목적에 관한 것이다.

1. 하나님의 섭리의 요소

하나님의 섭리는 세 가지 요소로 나눌 수 있다.

(1) 보존

보존은 하나님께서 만물을 유지하시는 하나님의 계속적인 사역이다. 세상은 별개의 존재로서, 하나님의 한 부분이 아니지만, 계속적인 존재의 근거를 갖는다. 세상은 만물을 존재하게 하시고 활동하게 하시는 신적 권능의 계속적인 행사를 통하여 유지된다(시 136:25, 145:15; 느 9:6; 행 17:28; 골 1:17; 히 1:3).

(2) 협력

협력이란 하나님께서 그의 모든 피조물과 협력하시며 피조물로 하여금 그들의 해야 할 일을 행하도록 역사하시는 하나님의 사역이라 정의할 수 있다. 이것은 세계 속에 자연력과 인간의 의지와 같은 실제적 제2의 원인들이 있다는 것을 의미하는 것이며, 이 원인들이 하나님과 떨어져서는 일할 수 없다는 것을 주장하는 것이다. 하나님께서는 피조물의 선악간의 모든 행위 속에서까지라도 역사하신다. 하나님께서는 피조물을 행동하도록 자극시키며, 순간순간마다 그들의 행동에 함께 해 주신다.

(3) 통치

통치란 하나님께서 만물을 그들의 존재하는 목적에 맞도록 다스리시는 하나님의 계속적인 활동이라 할 수 있다. 하나님은 신구약에서 우주의 왕(다스리는 자)으로 표현되었다. 하나님께서는 그가 다스리시는 피조물의 성질에 맞도록 자신의 법칙을 적용시키셨다.

 성경과 더불어 복습

1. 하나님의 섭리의 목적은 무엇인가? 시 145:7; 롬 9:17; 엡 3:10

2. 하나님의 섭리는 어떻게 수행되는가? 엡 1:11; 시 94:8-11

3. 다음의 성구에서 하나님은 피조물인 인간을 보호하시기 위해 어떻게 하시는가?

① 시 136:25, 145:15

② 마 6:28-30; 행 17:28

③ 창 1:28-30

④ 히 1:3

4. 다음의 성구에서 하나님은 피조물에 어떻게 협력하시는가?

① 신 8:18; 빌 4:13

② 시 104:27-30

③ 행 14:17

④ 빌 2:13

⑤ 시 121:5; 히 13:6

⑥ 출 32:11; 신 1:33

5. 다음의 성구는 하나님의 통치의 영역이 어디까지라고 하는가?
   ① 시 103:19; 단 4:34-35

   ② 마 10:29-31

6. 우연히 일어나는 현상도 하나님의 통치에 의한 것이라고 할 수 있는가? 잠 16:33

7. 사람의 자기의 뜻에 따라 선행을 했다면, 이는 하나님의 섭리의 영역과는 관계가 없는 것인가? 빌 2:13

8. 사람의 악한 행위는 하나님의 섭리의 영역과 관계가 없는 것인가?
   창 50:20; 출 7:1-4

9. 사람의 그 어떤 죄된 행위는 하나님의 묵인된 사항이라고 할 수 있는가?
   행 14:16 ← 시 78:10; 왕하 19:28

10. 결국 하나님께 복종하지 않는 사람들과 버려진 사람까지도 하나님의 통치에 포함된다면, 하나님의 뜻은 무엇인가? 롬 11:32-34; 시 76:10

2. 비상 섭리(이적)

> 우리는 일반섭리와 특별섭리로 구별하는데, 이 특별섭리 속에서 이적은 중요한 위치를 차지한다. 이적은 하나님의 초자연적인 역사로, 제2원인의 중재 없이 성취되는 하나님의 사역인 것이다. 하나님께서는 제2원인을 사용하시는 경우, 하나님은 제2원인을 비상의 방법으로 사용하시므로, 결국 제2원인을 사용하되 비상의 방법을 사용한 것이므로 초자연적인 것이다.

 **성경과 더불어 복습**

1. 다음의 성구에서 하나님의 무엇을 위해 이적과 표적을 행하셨는가?

   ① 출 7:5, 12:29

   ② 요 2:11; 마 11:5

   ③ 롬 15:18

   ④ 막 16:17

   ⑤ 출 14:31, 19:9

제3부

인간론(人間論)

원시상태의 인간
죄의 상태에 있는 인간
원죄와 본죄
은혜 계약 안에 있는 인간
은혜의 계약

11. 원시상태의 인간

 인간은 영혼과 육체, 두 부분으로 구성되어 있다는 것이 통상적인 견해이다. 이 견해는 인간이 그렇게 느끼는 바이며(自意識), 인간은 육체와 영혼으로 구성(마 6:25, 10:28)되었거나 육체와 영(靈)으로 구성(전 12:7; 고전 5:3, 5)되었다고 말하는 성경의 연구에 의해 나온 것이다. 이것을 2분설이라고 한다. 또한 영혼과 영이 서로 다른 요소이므로, 인간은 육체와 혼과 영, 세 부분으로 구성되었다고 주장한다(비교; 살전 5:23). 이것을 3분설이라고 한다.

1. 개인 영혼의 기원

 개인 영혼의 기원에 관하여는 다음의 세 가지 견해가 있다.

(1) 선재설(先在說)
 어떤 학자들은 사람의 영혼이 육체를 입고 세상에 오기 전에 있었다고 주장한다. 이 학설은 인간이 죄인으로 출생한다는 사실에 대한 다소의 근거를 가져다준다.

(2) 유전설(遺傳說)
 인간은 육체와 마찬가지로 영혼을 그들의 부모에게서 유전 받는다는 학설이다. 이는 루터교회의 견해이다. 하와의 영혼 창조에 대한 기록이 성경에 없고, 후손들이 그들 조상의 허리에 있었다는 사실에 근거한 학설이다(창 46:26; 히 7:9-10). 이 학설은 부모를 영혼의 창조자로 만들며, 인간의 영혼이 여러 부분으로 나눌 수 있다고 가정하며, 더 나아가서는 예수님의 무죄성(無罪性)을 위태롭게 만든다.

(3) 창조설(創造說)

이 학설은 개인 영혼이 하나님의 직접적인 창조인데, 그 시기는 명백히 알 수 없다고 주장한다. 영혼은 순수하게 창조되었지만, 인류 전체가 짊어지게 된 죄의 복잡성으로 말미암아 출생 이전이라 해도, 영혼은 죄 된 것이라고 본다. 이 견해는 개혁주의 노선의 보편적인 견해로, 인간의 육체와 영혼은 서로 다른 기원을 갖는다는 성경적 증거(전 12:7; 사 42:5; 슥 12:1; 히 12:9)를 가지며, 영혼의 영적인 본질과 잘 조화되며, 예수님의 무죄성을 옹호하는 성경적인 학설이다.

그러나 난제가 없는 것은 아니다. 이 학설로는 가족적 특성의 유전에 대한 설명을 주지 못하며 하나님을 죄 된 영혼의 창조자로 만드는 것처럼 보일는지 모른다.

 성경과 더불어 복습

1. 인간은 본질상 무엇 무엇으로 구성되어 있다고 말할 수 있는가?
    마 10:28; 롬 8:10

2. 우리 영혼의 존재 기원은 누구로부터인가? 창 2:7; 전 12:7

3. 영혼은 육체의 죽음과 함께 죽는가? 전 12:7; 마 10:28

4. 우리의 육신이 어머니의 육신에서 분리되어 탄생될 때, 영혼도 어머니에 의해 분리 탄생되는가? 사 42:5; 슥 12:1

2. 하나님의 형상으로서의 인간

성경은 인간이 하나님의 형상대로 창조되었다고 가르친다. 창세기 1장 26절에 의하면 하나님께서는 "우리의 형상을 따라 우리의 모양대로 우리가 사람을 만들"자고 하셨다. '형상'(image)과 '모양'(likeness)이란 용어는 분명히 동일한 것이라 할 수 있다. 성경은 이 두 용어가 상호 교차적으로 사용되었다는 사실을 증명해 준다 (창 1:26-27, 5:1, 9:6; 고전 11:7; 골 3:10; 약 3:9). 모양이란 말은 아마도 형상이 거의 같거나 매우 유사하다는 사실을 강조한 것 같다.

개혁주의에서는 하나님의 자연적 형상과 도덕적 형상을 구별한다. 자연적 형상은 둘 중 보다 광범위한 것으로 인간의 영적, 합리적, 도덕적 불멸의 본질 속에 존재한다고 말할 수 있다. 그런데 이 형상은 죄로 말미암아 아주 상실되지는 않았지만 모호하게 되었다고 한다.

도덕적 형상은 보다 제한된 의미의 하나님의 형상이며, 참 지식과 의와 거룩 속에 존재하는 형상인데, 죄로 말미암아 상실했었으나 그리스도에 의해 회복된 것이다(엡 4:24; 골 3:10). 넓은 의미로 보면 인간은 아직도 하나님의 형상을 지속하고 있기 때문에, 인간을 하나님의 형상 또는 하나님의 형상을 지닌 자라고 부를 수 있다(창 9:6; 고전 11:7, 15:49; 약 3:9).

 성경과 더불어 복습

1. 하나님의 형상이란 무엇을 의미하는 것일까? 엡 4:23-24; 골 3:10

2. 다음의 성구를 보고 '형상'과 '모양'이라는 단어는 같은 의미로 사용되었는지, 아니면 전혀 다른 의미로 사용되었는지 살펴보자.
   창 1:26-27; 고전 11:7; 골 3:10

3. 하나님이 창조하신 때의 사람의 상태는 어떠했는가? 전 7:29; 창 1:27-28, 31

4. 지금 우리의 상태는 처음 하나님으로부터 지음 받았을 때의 형상이 완전히 없어진 것인가? 고전 11:7, 15; 약 3:9

5. 우리가 처음 지음 받았을 때처럼 하나님 형상의 온전함으로 회복될 가능성은 있는가? 롬 8:29; 빌 3:21

6. 우리의 영혼이 창조되었을 때 지식도 창조된 것인가? 아니면 후천적으로 습득된 것인가? 창 2:19; 딤후 3:7

7. 우리가 지음 받은 본래의 지식으로 회복되려면 어떠한 방법이 있는가?
고전 2:10-13

3. 행위계약 속에 있는 인간

> 하나님은 자신이 지으신 사람들에게 복을 주시며 기뻐하셨고, 사람이 갖는 자유 의지에 따라 그의 행위로 나타내는 복종을 요구하시어 첫 사람인 아담과 친히 언약을 맺으셨다. 이 본래의 계약을 행위계약이라고 부른다.

 **성경과 더불어 복습**

창세기 2:16-17과 로마서 5:12-21을 읽고 다음 물음에 답해보자.

1. 언약은 누구로부터 누구에게 주어진 것인가?

2. 계약의 조건은 아담의 무엇인가?

3. 아담의 순종이 무엇으로 나타나야만 했는가?

4. 계약의 약속은 무엇이었는가?

5. 계약 위반의 형벌은 무엇이었는가?

1. 죄의 기원

성경은 가르치기를 최초의 죄는 낙원에 있었던 아담과 하와의 범죄 결과로 세상에 들어 왔다고 한다. 이 최초의 죄는 뱀의 형태로 가장한 사탄의 시험에 의해 발생된 것인데, 사탄은 인간의 마음 속에 의혹과 불신의 씨를 뿌렸던 것이다. 성경은 타락 사건의 유혹자인 뱀은 다만 사탄의 도구였다고 분명히 지적해 준다(요 8:44; 롬 16:20; 고후 11:3; 계 12:9).

최초의 죄는 인간이 선악을 알게 하는 열매를 따 먹은 데 있다. 이 열매를 먹음은 단순히 하나님께서 금(禁)하셨던 것이기 때문에 죄 된 것이다. 열매를 먹음은 인간이 자기의 뜻을 하나님의 뜻에 무조건적으로 복종시키려 하지 않았다는 것을 나타내준 것이며, 몇 가지 요소를 내포하는 것이다. 선악과를 먹음은 그 자체가 지적인 면에서는 불신앙과 자만심을, 의지 면에서는 하나님과 같이 되려는 욕망을, 감정 면에서는 금지된 열매를 먹으려는 호기심을 나타내는 것이다. 그 결과로 인간은 엄밀한 의미로 보면 하나님의 형상을 상실하고 전적으로 타락하여 죽음의 지배하에 있게 되고 말았다(창 3:19; 롬 5:12, 6:23).

 **성경과 더불어 복습**

1. 아담의 죄는 무엇으로부터 성립된 것인가? 롬 5:19; 창 3:6-7

   _____

2. 인간이 하나님으로부터 부여 받은 자유의지가 무엇으로부터 유혹을 받았는가? 창 3:1-5; 고후 11:3

   _____

3. 결국 아담이 죄를 짓게 된 책임이 누구에게 있다고 할 수 있겠는가?
   신 29:18; 잠 4:23

   _____

4. 하와가 하나님의 경고를 따르지 않은 것은 결국 하나님에 대해서 무엇이 없었기 때문인가?

   ① 요 14:24

   _____

   ② 롬 14:23

   _____

5. 아담과 하와의 욕망은 무엇이었는가? 창 3:5-6

---

6. 아담과 하와의 마음은 무엇으로 어두워졌는가? 창 3:6; 사 44:18

---

7. 아담의 범죄로 말미암아 하나님으로부터 무엇이 선고되었는가?
창 3:19; 롬 5:12

---

2. 죄의 본질

오늘날 많은 사람들이 악(惡)이란 말 대신에 죄라는 말을 많이 사용하지만, 이것은 그리 좋지 못한 것 같다. 왜냐하면 죄란 말은 보다 특수한 의미가 있기 때문이다.

또 죄는 절대적 성질을 지닌다. 죄의 본질은 악의 일종, 즉 인간이 책임져야 할 도덕적 악을 나타내는 것인데 이로 말미암아 인간은 정죄(定罪) 아래 놓이게 된 것이다.

그러므로 죄는 하나님의 뜻에 관계된다. 오늘날 죄를 단순히 이웃에 대한 잘못으로 간주하는 경향이 있지만, 이는 완전히 그 요점을 파악하지 못한 것이라고 할 수 있다. 왜냐하면 그와 같은 잘못은 하나님의 뜻에 완전히 어긋날 때에만 죄라고 말할 수 있기 때문이다.

죄란 불법이며(요일 3:4), 하나님의 율법에 대한 복종의 결여이며,

신적 율법에 의해 요구된 사랑과는 반대되는 것이다. 성경은 항상 죄를 율법과 관련시켜 생각한다(롬 1:32, 2:12-14, 4:15, 5:13; 약 2:9-10; 요일 3:4).

 **성경과 더불어 복습**

1. 다음의 성구는 죄를 무엇이라 정의하고 있는가?

① 요일 3:4

② 롬 14:23

③ 신 9:7

④ 잠 24:9

⑤ 요일 5:17

⑥ 겔 20:16

_____

⑦ 요 14:24

_____

2. 죄의 본질로 인하여 그것이 도덕적 악으로 나타나는 상태에는 어떤 것들이 있는가? 롬 1:28-32

_____

_____

_____

3. 하나님이 사람에게 구체적으로 요구한 행위계약은 어떻게 함으로 성취시킬 수 있는가? 롬 2:12-15

_____

4. 죄성을 규정하는 척도가 율법이라고 할 때 율법의 목적은 무엇인가?
롬 3:20, 5:13; 약 2:9-10

_____

5. 우리가 과연 율법이 요구하는 것을 온전히 이루어 하나님을 만족하게 할 수 있을까? 롬 3:20

6. 인간 모두가 하나님의 율법에 자신을 비추어볼 때 결국 어떠한 자리에 처해 있는 것인가? 롬 3:19; 엡 2:3

7. 아담 이후 우리 모든 사람들은 우리 스스로 하나님이 본래 창조하신 상태의 완전한 인격을 가질 수 있는가? 렘 17:9; 롬 8:5-8

8. 죄성은 우리 인간의 어디에 자리하고 있는가? 잠 4:23; 마 15:19-20

9. 율법이 하나님의 법에 의한 완전한 행위를 요구한다고 할 때 죄란 외부적 행위에 따른 결과로만 국한할 수 있는가? 마 5:22, 28; 갈 5:17, 24

10. 신 6:5과 눅 11:42을 비교하면서 하나님의 요구를 이루기 위해서는 무엇과 무엇의 일치가 있어야 하는가?

13 원죄와 본죄

아담의 죄와 후손의 죄에 대하여 개혁주의의 견해에 의하면 아담은 그의 후손과 이중적 관계를 가지는데, 그는 자연히 인생의 머리가 되었고, 언약의 머리로서 인생의 대표였던 것이다. 아담이 인류의 대표로서 범죄했을 때, 이 죄는 인류에게 전가되었으며, 그 결과 모든 인류는 부패한 상태하에서 탄생하게 되었던 것이다. 이것을 대표설이라 한다.

1. 원죄

원죄(原罪)는 죄책과 오염을 내포한다. 아담의 죄책은 우리에게 전가되었다. 아담이 우리의 대표자로서 범죄했기 때문에 우리는 그 안에서 죄 된 인간인 것이다. 그 뿐 아니라 우리는 또 아담의 부패성을 상속하고 죄를 향한 적극성을 갖는다. 그러므로 인간은 본질상 전적으로 타락되었다고 할 수 있다. 이것은 모든 인간이 하는 바가 악하다는 것을 의미하는 것이 아니라, 죄가 인간의 본질 전체를 부패시켰고, 인간으로 하여금 어떤 영적 선이라도 행할 수 없게 한다는 것을 의미하는 것이다.

인간은 아직도 그의 동료와의 관계에서 가치 있는 일을 하고자 할

는지 모르지만, 인간이 최선의 일이라 하더라도 그런 행위가 하나님을 사랑함에 의해 충동된 것이 아니며, 하나님을 순종함으로 행해진 것이 아니기 때문에 근본적으로 불완전한 것이다.

이 전적 타락과 전적 무능력은 펠라기우스파와 알미니안파와 현대주의자들에 의해 부인되었지만, 성경은 분명히 전적 타락과 무능력을 입증해주고 있다(렘 17:9; 요 5:42, 6:44, 15:4-5; 롬 7:18, 23-24, 8:7-8; 고전 2:14; 고후 7:1; 엡 2:1-3, 4:18; 딤후 3:2-4; 딛 1:15; 히 11:6).

 성경과 더불어 **복습**

1. 하나님께 순종하지 않은 최초의 인간은 누구인가? 롬 5:19; 창 3:6, 19

2. 그가 과연 인류의 대표인 것을 성경은 어떻게 말하고 있는가?
   ① 창 1:27-28

   ② 롬 5:19

   ③ 창 3:19; 고전 15:22

3. 무엇으로 아담의 죄가 우리에게 전가된 상태임을 알 수 있는가?

롬 5:12; 창 3:19

4. 다음의 성구는 아담의 죄가 우리에게 각각 어떻게 전가되었음을 말해주는가?

① 욥 15:14; 시 51:5; 요 3:6

② 롬 7:18-21

5. 우리가 만족스러운 선을 행할 수 없음은 우리의 본질이 어떻게 되었기 때문인가? 롬 7:17-23

2. 본죄

> 본죄(本罪)란 말은 외부적 행위의 죄뿐 아니라, 원죄로 인해 일어나는 의식적인 죄 된 생각, 욕망, 결심 등을 말하는 것이다. 그것들은 개인이 그의 고유의 성질과 경향으로부터 구별하여 행동한 죄이다. 원죄는 하나이지만, 본죄는 여럿이다.

본죄는 교만, 질투, 증오, 감각적 육욕, 악한 욕망과 같은 내적 생활의 죄이며, 사기, 도둑, 살인, 간음 등과 같은 외적 생활의 죄이기도 하다.

이들 중에는 용서 받을 수 없는 죄, 즉 성령을 모독하는 죄가 있다. 이 죄를 범한 후에는 심령의 변화가 불가능하며, 그것을 위해 기도할 필요가 없다는 것이다(마 12:31; 막 3:28-30; 눅 12:10; 히 6:4-6, 10:26-27; 요일 5:16).

성경과 더불어 복습

1. 하나님의 의도하시는 바와는 달리 우리의 내적 생각이 의식적으로 죄된 생각을 갖는 것은 무엇에 기인하는가? 롬 7:16-24

   _____

2. 본죄로 인하여 나타나는 죄악들을 열거해 보자.
   갈 5:19-21; 고전 3:3; 골 3:5

   _____

   _____

3. 여러분 자신에 대해 스스로 생각할 때 슬퍼할 수밖에 없는 죄의 모습들은 어떤 것들이 있는지 적어보자. 시 51:1-12

   _____

4. 용서받을 수 없는 죄는 무엇인가? 마 12:31-32; 히 6:4-10

---

5. 우리가 죄로부터 해방될 수 있는가? 있다면 그 방법은 무엇인가?
롬 7:24-25; 히 9:14

---

3. 죄의 보편성

성경과 경험을 통하여 볼 때, 죄가 보편적이라는 사실을 알 수 있다. 심지어 펠라기우스파까지도 그들은 죄를 나쁜 환경이라든가 악한 실례라든가 또는 그릇된 교육과 같은 외부적 조건의 탓으로 돌리기는 하지만, 죄의 보편성만은 부인하지 않는다.

성경에는 죄의 보편성을 의미하는 구절들이 많다(왕상 8:46; 시 143:2; 잠 20:9; 전 7:20; 롬 3:1-12, 19, 23; 갈 3:22; 약 3:2; 요일 1:8, 10). 그뿐 아니라 성경은 인간이 나면서부터 죄 된다고 가르치는데, 이 죄의 보편성은 모방의 결과로 인정할 수 없는 것이다(욥 14:4; 시 51:5; 요 3:6). 심지어 유아라도 죄의 결과인 죽음의 지배하에 있으므로 죄 되다고 할 수 있는 것이다(롬 5:12-14).

모든 인간은 날 때부터 정죄(定罪) 아래 있으므로 그리스도 예수 안에 있는 구속이 필요한 것이다. 어린아이들도 이 원칙에서 결코 제외될 수 없다(요 3:3, 5; 엡 2:3; 요일 5:12).

 **성경과 더불어 복습**

1. 과연 아담의 원죄의 영향을 받지 않는 사람이 있을 수 있는가?
   왕상 8:46; 전 7:20

   _____

2. 구약에서 하나님의 선택된 백성인 이스라엘 민족은 하나님의 율법을 지킴으로 죄와는 관계가 없는가? 롬 3:9-12, 20

   _____

3. 인간은 죄를 가지고 태어나는가? 아니면 태어나서 이미 있는 상태로부터 얻어지는가? 욥 14:4; 시 51:5

   _____

4. 갓 태어난 아기의 사망까지도 죄의 결과라고 할 수 있는가? 롬 5:12-14

   _____

5. 모든 사람이 죄 가운데 처해 있다는 것은 결국 모든 사람들에게 무엇이 필요하다고 말할 수 있는가? 롬 3:23-24; 딤전 1:14-15

   _____

우리는 이 교리에 대해 잘 알기 위해서 구속의 계약과 은혜의 계약을 구별한다. 이 둘은 밀접한 관계이므로 한 가지로 생각할 수 있으니, 곧 전자(구속의 계약)는 후자(은혜의 계약)의 영원한 기초가 된다.

1. 구속의 계약

구속의 계약은 스가랴 6장 13절에서 나온 명칭인데, "평화의 의논"이라 불린다. 그것은 삼위를 대표하시는 성부와 선택 받은 자의 대표이신 성자 사이의 언약인 것이다.

구속계약에 있어서의 성자 그리스도께서는 구속계약의 머리가 되실 뿐 아니라, 보증이 되신다(히 7:22). 보증인은 타인의 법적 의무를 자신이 책임지는 인물이다. 그리스도께서는 죄인을 대신하여 죄의 형벌을 짊어지셨고, 자기 백성을 위한 법적 요구에 응하셨다. 그렇게 함으로 그리스도는 생명을 주는 영(靈)이신 마지막 아담이 되었던 것이다(고전 15:45).

그리스도에게 있어서 이 계약은 그가 본래적 계약의 요구에 응하셨던 행위계약이었으나 우리에게 있어서는 이 계약이 은혜계약의 영원한 기초가 된다. 이 계약의 효능은 선택받은 자에게 제한되어 있다. 그들은 다만 구속을 받으며 그리스도가 죄인을 위해 이룩하신 영광을 상속 받을 뿐이다.

 성경과 더불어 **복습**

1. 구속의 계약은 누구와 누구와의 언약인가? 엡 1:4; 딤후 1:9

2. 예수님이 이 땅에 오신 것은 누구의 계획하신 바를 이루려 하신 것인가?
   요 5:30, 6:38-40

3. 예수님이 하나님과의 계약을 성취시키므로 계약의 머리가 되셨다. 그 성취의 근본은 무엇인가? 롬 6:19; 히 5:8-9

4. 성부 하나님이 성자 예수님에게 법적으로 요구하신 것은 무엇인가?
   히 7:27, 9:12, 28

5. 나약하여 죄 가운데 있는 인간을 불쌍히 보신 하나님은 죄 없는 아들 예수 그리스도를 어디에 두셨는가? 갈 4:4-5; 시 40:8

6. 하나님께서 거룩성을 상실한 불완전한 인간을 하나님께 헌신하며, 하나님의 거룩하심을 닮아갈 수 있는 방편으로 삼으신 것은 무엇인가?
요 10:28, 17:19-22; 히 5:7-9

7. 다음의 성구들로 미루어보아 성부 하나님은 성자 예수 그리스도를 통하여 구속계약을 성취하기 위해 어떻게 준비하시고 어떻게 이루셨는가?
① 히 10:15

② 사 42:1; 요 3:34

③ 사 42:6-7; 눅 22:43

④ 시 16:8-11; 빌 2:9-11

⑤ 요 14:26, 15:26

⑥ 요 6:37-45

⑦ 시 22:27, 72:17

하나님께서는 구속계약에 근거해서 은혜의 계약을 확립하셨다. 하나님께서는 계약에 있어서 제1 당사자이시다. 하나님께서는 계약을 확립하시며, 제2의 당사자와의 관계를 결정하신다. 그런데 제2의 당사자가 누구인가를 결정하기란 그리 쉽지 않다. 개혁파의 통상적 견해는 제2 당사자가 그리스도 안에서 선택 받은 죄인들이라고 한다. 그러나 우리는 여기서 이 계약이 두 가지 면에서 생각되어야 한다는 것을 명심해야 한다.

(1) 목적 자체로서의 계약

상호 친교 또는 생명의 교통의 언약, 즉 계약의 목적 그 자체는 역사의 과정 속에서 성령의 역사로 말미암아 실현되는 것이다. 계약이란 어떤 특권이 영적 목적을 위해 증진되는 상태를 나타내는 것이며, 하나님의 약속은 산 믿음에 의해 받아들여지며, 그렇게 해서 약속된 축복은 완전히 실현되는 것이다.

이렇게 생각해 볼 때 이 계약은, 하나님과 그리스도 안에 있는 택함 받은 죄인과의 은혜로운 계약으로서, 하나님께서 택함 받은 죄인들에게 구원의 축복과 함께 자신을 제공해 주시고, 택함 받은 죄인은 하나님과 그의 모든 은혜로운 선물을 믿음으로 받아들이기로 체결한 은혜로운 협정이라고 정의할 수 있다(신 7:9; 대하 6:14; 시 25:10, 14, 103:17-18).

(2) 목적에 대한 수단으로서의 계약

이것은 영적 목적을 실현하기 위한 순수한 법적인 협정을 말한다. 성경은 이스마엘, 에서, 엘리의 악한 아들들, 그리고 죄 가운데서 죽은 패역한 이스라엘 백성들과 같은 사람들처럼 약속이 결코 실현되지 않은 경우까지도 포함한 계약에 대해 가끔 언급한 것은 분명하다. 따라서 이 계약은 하나님께서 모든 믿는 자에게는 구원의 축복을 보증해 주신 순수한 법적인 협정이라 간주할 수 있을 것이다.

우리가 이 언약을 이처럼 넓은 의미로 생각해본다면, 우리는 하나님께서 그 언약을 믿는 자들과 그의 자녀들에게 이룩하셨다고 말할 수 있다(창 17:7; 행 2:39; 롬 9:1-4).

 성경과 더불어 **복습**

1. 은혜 계약은 누구와 누구와의 약속인가? 창 17:7; 행 2:39

2. 은혜 계약에 있어서 제1 당사자는 누가되며, 계약을 확립하시는 분은 누구이신가? 창 17:7; 출 19:5-6; 엡 1:3-6

3. 은혜 계약에 있어서 제2 당사자는 누가 어떻게 결정하는가?

엡 1:3-5; 행 2:39

4. 하나님이 약속으로 우리에게 주시는 것은 무엇인가? 사 45:17; 요 3:16

5. 우리가 어떻게 하나님의 약속을 선물로 받을 수 있는가?

롬 10:6, 9; 갈 3:7-11

6. 은혜 계약의 약속을 총괄한 하나님의 선포는 무엇인가?

렘 31:33; 겔 34:24, 31

7. 하나님은 나의 하나님이 되고, 나는 그 하나님의 백성이 된다는 약속이 다음의 성구에서 구체적으로 우리에게 어떻게 나타나고 있는가?

① 사 63:16; 고후 6:18; 갈 4:4-7

② 겔 36:27; 고후 5:5

③ 사 43:25; 렘 31:33-34

④ 사 45:21, 49:26

⑤ 대하 16:9; 빌 4:13

⑥ 시 68:19; 히 13:6

⑦ 시 91:15; 습 3:19-20

⑧ 시 91:1-12

⑨ 사 19:13; 벧전 2:10

⑩ 시 16:11; 딛 3:7

8. 다음의 성구들을 살펴볼 때, 은혜 계약에서 하나님의 요구는 무엇인가?

① 요 1:12; 갈 3:7, 9

② 시 103:17-18; 요일 5:1-3

9. 다음의 성구들을 통하여 은혜 계약의 특성을 알아보자.

① 사 1:18, 49:8, 55:1

② 창 17:19; 사 54:10

③ 롬 8:28-30

④ 창 17:7; 갈 3:6-7

⑤ 요 3:16; 행 2:39

⑥ 히 9:16-17

⑦ 딤전 2:5; 히 8:6

10. 신약에 계시된 새 계약은 구약에서의 계약과 어떤 관계가 있는가?
   렘 31:31; 히 8:8, 13 ↔ 롬 4장; 갈 3장

제 4 부

기독론(基督論)

그리스도의 명칭과 본질
그리스도의 신분
그리스도의 직무
그리스도의 속죄
속죄의 범위

그리스도의 명칭과 본질

1. 그리스도의 명칭

① **예수**(Jesus) : 예수란 이름은 히브리어 '여호수아'(수 1:1; 슥 3:1) 또는 '예수아'(스 2:2)의 헬라어 형태이다. 이 명칭은 '구원하다'라는 히브리어에서 파생된 것으로 구주되시는 그리스도를 가리키는 것이다(마 1:21). 구약에 나타난 그리스도의 두 가지 모형은 동일한 이름, 즉 눈의 아들 여호수아와 여호사닥의 아들 여호수아이다.

② **그리스도**(Christ) : 그리스도란 이름은 '기름부음을 받은 자'란 뜻으로, 구약의 메시아에 대한 신약적 형태이다. 구약에 보면 선지자(왕상 19:16), 제사장(출 29:7), 왕(삼상 10:1)은 성령의 상징인 기름부음을 받았던 것이다. 그들은 기름부음을 받음으로 그들 각자의 직무를 위해 구별되었고, 그것을 위해 자격을 얻었다. 그리스도는 선지자, 제사장, 왕의 세 가지 직무를 위해 성령으로 기름부음을 받으셨다. 역사적으로는 이 기름부음이 그리스도께서 성령으로 잉태되었을 때와 세례 받으셨을 때 이루어졌던 것이다.

③ **인자**(人子, Son of Man)

④ **하나님의 아들**(Son of God)

⑤ **주**(主, Lord)

 성경과 더불어 복습

1. '예수'라는 이름은 누구에 의하여 지음이 된 것인가? 마 1:18-21

2. 하나님이 친히 '예수'라는 이름으로 그 아들을 이 땅에 보내신 의도는 무엇인가? 마 1:2; 요 3:16-17

3. '그리스도'란 이름이 '기름부음을 받은 자'란 뜻이라고 할 때, 다음 성구들은 기름부음을 받은 그리스도의 직책들을 어떻게 나타내고 있는가?

① 눅 23:29-30; 마 23:37-39

② 딤전 3:5; 히 9:11-12

③ 눅 1:32; 엡 1:21-22

4. 예수님은 그리스도로서 기름부음을 어떻게 받으셨는가?

   마 1:18, 20, 3:16-17

5. 그리스도가 자신을 일컬어 부를 때 가장 많이 사용한 명칭은 무엇인가?

   마 16:27-28; 눅 21:27

6. 그리스도가 '하나님의 아들'로 불릴 때 다음의 성구들은 어떤 의미들을 포함하고 있는가?

   ① 마 11:27

   ② 마 24:36

   ③ 눅 1:35

7. 그리스도가 '주'로 불릴 때 다음의 성구들에서 어떤 의미로 표현되고 있는가?

   ① 롬 1:7; 엡 1:17

② 고전 7:34; 빌 4:4-5

2. 그리스도의 본성

성경은 그리스도께서 두 가지 성품, 즉 인성(人性)과 신성(神性)을 가지신 분으로 가르쳐 준다. 이것은 하나님께서 육신으로 나타나신 바 위대한 신적 신비인 것이다(딤전 3:16).

그리스도께서는 인성을 가지셨지만 인간의 인격은 아니시다. 중재자의 인격은 불변하시는 하나님의 아들이시다. 그리스도께서는 인간이 되심으로 하나의 인간 인격으로 변한 것도 아니요, 또한 하나의 인간 인격을 취하신 것도 아니시다. 그리스도께서는 그의 신성에 덧붙여 인성을 취하셨는데, 그 인성은 다만 독립적 인격으로 발전할 수 없으나, 하나님의 아들의 인격 속에서 인격적이 된 인성인 것이다.

이런 인성을 취하신 후 중보자의 인격은 신적일 뿐 아니라 동시에 신인(神人)적인 것이다. 그는 인성과 신성의 모든 본질을 소유하신 신인(神人)이시다. 그는 신적 의지와 인적 의지를 소유하셨듯이, 신적 의식과 인적 의식을 소유하고 계시다. 이 진리는 인간으로서는 측량할 수 없는 신비인 것이다.

성경은 분명히 그리스도 인격의 단일성을 지적해준다. 말하시는 의식이 인적이든, 신적이든, 관계없이 말하는 분은 언제나 동일한 인격(요 10:30, 17:5, 비교: 마 27:46; 요 19:28)이시다. 인간의 속성과 행동은 가끔 신적 칭호로 표현된 인격으로 묘사되고(행 20:28; 고전 2:8; 골 1:13-14), 신적 속성과 행동도 가끔 인간적 칭호로 표현된 인격으로 묘사된다(요 3:13, 6:62; 롬 9:5).

 **성경과 더불어 복습**

1. 다음의 성구들은 각기 그리스도의 신성을 증명할 만한 명칭들을 어떻게 사용하고 있는가?

   ① 요 5:18 ↔ 마 3:17

   _____

   ② 요 1:18; 막 12:6

   _____

   ③ 계 1:17; 사 41:4

   _____

   ④ 사 9:6; 삿 13:18

   _____

   ⑤ 요 20:28; 히 1:8

   _____

2. 다음의 성구들은 그리스도가 인성을 가지고 이 땅에 오신 모습을 어떻게 나타내 주고 있는가?

① 요 8:40

_____

② 마 26:26, 38; 눅 24:39

_____

③ 눅 2:40, 52

_____

④ 마 4:2, 8:24; 요 4:6, 11:35, 12:27

_____

⑤ 고전 15:3-4

_____

3. 그리스도가 사람을 모습을 취하심으로 참 사람이 되셨지만 근본 우리와 다른 점은 무엇인가? 요 8:46; 고후 5:21; 히 4:15

_____

17 그리스도의 신분

우리는 가끔 '신분'과 '상태'라는 말을 상호 교차해서 사용한다. 그러나 우리가 그리스도의 신분에 대해 말할 때, 우리는 율법과 율법 앞에 선 그리스도와 관계를 설명하기 위해 보다 특수한 의미로 '신분'이란 말을 사용한다. 그리스도께서는 낮아지셨을 때는 율법 아래 있는 종이었으나 높아지셨을 때는 율법을 초월한 주님이시다. 자연히 이 두 가지 신분은 생명의 상태와 조화를 이루면서 동반하게 되며, 이들은 몇 가지 단계로 언급된다.

1. 낮아지신 신분

낮아지신 신분은 그리스도께서 우주의 주권적인 통치자로서 자신의 것이었던 신적 위엄을 버리시고, 종의 형체로 인성을 취하셨으며, 최고의 율법 수여자이신 그가 율법의 요구와 율법의 저주 아래 굴복하게 되셨다는 데 있다(마 3:15; 갈 3:13, 4:4; 빌 2:6-8). 그리스도의 이 신분은 그에 상응하는 상태로 나타나는데, 다음의 복습 문제를 통하여 몇 가지 단계의 구분을 알아보자.

 **성경과 더불어 복습**

1. 다음의 성구들은 그리스도의 낮아지신 신분을 어떻게 나타내고 있는가?

   ① 요 1:14; 롬 8:3; 요일 4:2

   ② 사 53:3; 마 27:26-30; 벧전 4:1

   ③ 고전 15:3; 갈 3:13; 요일 3:16

   ④ 시 16:10; 고전 15:4; 행 13:34

   ⑤ 시 16:8-10; 엡 4:9

2. 높아지심의 신분

높아지심의 신분으로 그리스도께서는 죄에 대한 형벌을 지불하시고 죄인을 위하여 의와 영생을 준비하시므로 계약적 의무인 율법의 지배로부터 벗어나시게 되었다. 그뿐 아니라 그는 훌륭한 존귀와 영광으로 면류관을 쓰시게 되었다. 여기에서는 네 단계로 구분되어야 한다.

① **부활** : 그리스도의 부활은 육체와 영혼의 단순한 재결합으로 된 것이 아니라, 자기 안의 인간성, 즉 육체와 영혼이 그 본래의 아름다움과 강함을 회복하고 최고의 자리에 이름으로 된 것이다.

② **승천** : 승천은 지상에서 하늘로, 한 장소에서 다른 곳으로 옮겨가는 그리스도의 인성을 따른 중보자의 유형적인 상승이라고 묘사될 수 있다. 그것은 그리스도의 인성의 현저한 영화를 내포한 것이다.

③ **하나님의 우편에 계심** : 자연히 '하나님의 우편'이란 표현은 문자적으로 취급될 수 없으나 권능과 영광의 거처를 말하는 상징적 지시로 이해해야 한다. 그리스도께서는 하나님의 우편에 계시는 동안에 그의 교회를 다스리시며, 보호하시며, 우주를 통치하시며, 그의 완전한 희생에 근거해서 그의 백성을 위해 중재의 역할을 하신다.

④ **육체적 재림** : 그리스도께서 살아 있는 자와 죽은 자를 심판하러 오실 때 그리스도의 높아지심은 최절정에 달하게 된다. 분명히 그의 재림은 육체적이고 유형적이 될 것이다(행 1:11; 계 1:7).

 **성경과 더불어 복습**

1. 다음의 성구들을 살필 때 그리스도의 부활은 어떤 의미를 갖는가?

   ① 빌 2:8-9

   ② 롬 6:4-5; 고전 6:14, 15:20-22

   ③ 롬 4:25 ↔ 5:10; 벧전 1:3

2. 그리스도가 승천하신 것은 어떤 의미가 있는가? 엡 4:8-10, 히 1:3

3. 그리스도는 승천하심으로 우리를 위하여 무엇을 하시는 것인가?

   ① 롬 8:34; 히 6:20

   ② 요 14:1-3

4. 그리스도 예수가 승천하심으로 우리에게 주는 것은 무엇인가?
　　요 17:24; 엡 2:6

---

5. 하나님의 우편에 계신 그리스도는 어떤 의미가 있는가?
　　① 눅 22:69

---

　　② 엡 1:20-23

---

　　③ 히 8:1, 10:12

---

6. 그리스도가 재림하심으로 그 신분에 있어서 높아지신다고 할 때 가장 큰 의미는 무엇인가? 요 5:22, 27; 행 10:42; 고후 5:10

---

7. 그리스도의 재림의 시기를 우리가 알 수 있는가? 마 24:36-37; 막 13:33

---

8. 그리스도는 어떤 모습으로 재림하신다고 했는가? 행 1:11; 계 1:7

___

9. 다음의 성구들은 그리스도의 재림의 목적을 어떻게 말하고 있는가?

① 고전 4:5; 살후 1:7-10

___

② 살전 4:13-17; 골 3:4

___

그리스도의 직무

성경은 그리스도에게 세 가지 직무 곧 선지자, 제사장, 왕의 직무가 있다고 가르쳐 준다.

1. 선지자직(先知者職)

구약은 그리스도께서 선지자로 오실 것을 예언했다. 그리스도는 자신을 선지자라고 말씀하셨고, 아버지로부터 메시지를 가져오셨다고 말씀하셨다. 그리고 장래 일을 예고하셨으며, 독특한 권위로 말씀하셨다. 그러므로 백성들이 그를 선지자로 인정했다는 사실은 이상한 일이 아니다.

선지자는 꿈이나 환상 또는 언어 전달을 통해 하나님의 계시를 받아서 선지자적 활동을 하는 가운데 이 계시를 구술적으로나 가시적으로 백성에게 전달해 주었다. 그의 일은 과거, 현재, 미래를 모두 포함한 것이었다. 그의 중요한 일 중의 하나는 백성들을 위해 율법을 도덕적이고 영적인 면에서 해석하는 것이었다. 그리스도께서는 구약시대에 이미 선지자로 일하셨다.

그는 지상에 계시는 동안 선지자의 일을 행하셨고, 승천하신 후에는 성도들을 통하여 성령의 역사로 그 사명을 계속하셨다. 지금도 그의 선지자적 사명은 말씀의 역사와 신자들의 영적인 조명을 통하여 계속된다.

 성경과 더불어 복습

1. 예수님의 선지자 직무에 대해 구약에서는 어떻게 말하고 있는가?
   신 18:15; 행 3:23

   _____

2. 예수님은 자신의 직무에 대해 무엇이라고 하셨나? 눅 13:33

   _____

3. 예수님에 대해 그 백성들은 무엇이라고 했는가? 마 21:11; 눅 7:16; 요 6:14

   _____

4. 예수님께서 선지자의 직무를 수행하심에 있어서 그 메시지의 발원자(發源者)는 누구인가? 요 8:26-28, 12:49-50

   _____

5. 예수님께서 선지자의 직무를 수행하심에 있어서 그 메시지의 중심은 무엇인가? 마 4:23, 17, 24:14

---

6. 그리스도께서 구약시대에 선지자로서의 직무를 어떻게 수행하시었는가?
벧전 1:10-11, 3:18-20

---

7. 그리스도께서 부활 승천하신 후 선지자로서의 직무를 어떻게 수행하시었는가? 요 14:26, 16:12-14

---

2. 제사장직(祭司長職)

구약은 오실 구속주가 제사장이시라는 것을 예언하고 예시했다 (시 110:4; 슥 6:13; 사 53장). 신약에서는 그를 제사장이라고 부른 책이 하나 있는데, 히브리서이다. 거기에는 여러 번 반복적으로 이 사실을 밝혀주고 있다(히 3:1, 4:14, 5:5, 6:20, 7:26, 8:1). 그러나 다른 저서들도 그의 제사장적 사역에 대해 말하고 있다(막 10:45; 요 1:29; 롬 3:24-25; 고전 5:7; 요일 2:2; 벧전 2:24, 3:18).

예언자는 하나님을 백성들에게 소개하는 일을 하지만 제사장은 백성을 하나님 앞에 나타내는 일을 한다. 이 둘 다 선생이었으나 예언자는 도덕적인 것을 가르친 데 반해, 제사장은 예법(제사법)을 가르쳤다. 뿐만 아니라, 제사장들은 하나님께 나아가는 특권을 가졌으며, 백성을 대신하여 하나님께 말씀드리는 특권을 가졌다. 우리는 히브리서 5:1, 3에서 제사장이 백성 중에서 그들의 대표로 뽑혀 하나님의 인정을 받고, 백성의 유익을 위해 활동하며, 속죄를 위하여 제물과 희생을 드린다는 것과 또 백성을 위해 중재의 역할을 한다는 것을 볼 수 있다.

 성경과 더불어 **복습**

1. 다음 성구들은 그리스도의 제사장직 수행에 있어서 그 사역을 어떻게 구분하고 있는가?

   ① 막 10:45; 벧전 3:18; 히 9:11-15

   ② 롬 8:34; 히 8:6; 요일 2:1-2

2. 그리스도가 제사장직에 있어서 희생적 사역을 수행하신 방편은 무엇인가?

   요 1:29; 히 9:25-26

3. 그리스도가 제사장직에 있어서 희생적 사역의 궁극적 목적은 무엇인가?
딛 2:14; 히 2:17

---

4. 그리스도의 제사장직에 있어서 중보적 사역은 누구와 누구의 관계를 화해하기 위함인가? 딤전 2:5; 히 9:24

---

3. 왕직(王職)

하나님의 아들이신 그리스도는 자연적으로 하나님의 우주적 통치에 함께 참여하신다. 이와 관련해서 우리는 중재인으로서 그리스도가 부여 받으신 왕권에 대해서 말하는 것이다. 그러므로 이러한 왕권은 교회를 향한 영적 왕권과 우주를 향한 왕권의 이중적인 의미를 갖는다.

(1) 영적 왕권

그리스도의 왕권은 자기 백성을 향한 그의 통치인 것이다. 그것은 영적이라고 불린다. 왜냐하면 그의 왕권이 영적 영역에 속한 것이며, 신자들의 마음과 생활 속에서 이루어지며, 죄인을 구원하려는 영적 목적을 가지며, 영적 수단인 말씀과 성령에 의해 실시되기 때문이다.

그리스도의 왕권은 교회의 모임과, 교회를 통치하심과, 교회를 보호하심과, 교회를 완성하심에 이바지한다. 이 왕권은 신약이 말하는 '하나님의 나라' 또는 '하늘나라'와 동일한 것을 뜻한다. 엄밀한 의미로 보면 무형(보이지 않는) 교회의 회원인 신자들만이 그 나라의 시민인 것이다.

(2) 우주적 왕권

우주적 왕권은 하나님의 아들 되신 그리스도의 원래의 왕권과는 그 미치는 영역이 동일하지만 혼동되어서는 안 된다. 이러한 왕권은 그의 교회를 위하여 중보자 되신 그리스도께 맡겨진 우주를 다스리는 권한인 것이다. 그리스도께서는 중보자로서, 개인과 국민의 운명을 다스리며 세상의 생활을 지배하시며, 이 왕권을 그의 구속적 목적에 이바지하게 하시며, 그 왕권을 통하여 세상에서 일어나는 위험으로부터 그의 교회를 보호하신다. 이 왕권은 하나님 나라의 대적들을 물리칠 때까지 지속될 것이며, 그 목적이 성취되면 우주적 왕권은 성부에게로 반환될 것이다(고전 15:24-28).

 성경과 더불어 **복습**

1. 그리스도가 갖는 영적 왕권을 행사하실 때, 그 통치의 대상은 누구인가?
   요 18:36-37

2. 그리스도가 갖는 영적 왕권의 기한은 어떠한가? 사 9:6-7; 눅 1:33

3. 그리스도가 영적 왕권을 행사하는 나라를 무엇이라고 하는가?
   마 13:24-50

4. 하나님의 나라는 미래에만 이루어지는가? 마 12:28; 눅 17:21

5. 우주적 왕권은 누구로부터 누구에게 주어진 것인가? 마 28:18; 엡 1:20-22

6. 예수 그리스도가 우주적 왕권의 행사를 끝내시는 때는 언제이며, 그 마무리 역사(役事)는 무엇인가? 마 24:31, 25:31-33; 고전 15:20-28

그리스도의 속죄

제사장으로서 그리스도께서 하시는 일 중에서 좀 더 생각할 것이 있으니, 그것은 곧 구속 진리이다

1. 속죄의 원인과 필연성

속죄의 원인은 마치 그것이 죄인을 향한 그리스도의 동정에 있는 것같이 자주 묘사되는 때가 있다. 이 이론에 의하면, 하나님은 진노하시며 죄인의 멸망에 골똘하신 분이시지만, 사랑의 그리스도께서는 그 중간에 서시어 죄인을 구원하신다고 말하며, 그리스도는 모든 영광을 받으나, 성부께서는 그의 명예를 훼손당하신다고 주장한다.

그러나 성경은 우리에게 속죄가 그 원인을 하나님의 참된 기쁨 속에서 찾는다고 가르쳐 준다(사 53:10; 눅 2:14; 엡 1:6-9; 골 1:19-20). 속죄는 하나님의 사랑과 공의에 근거한 것이라고 말하는 것이 합당하다. 즉 사랑은 죄인들에게 피할 길을 제공해 주었고, 공의는 율법의 요구에 응해야 한다고 가르쳐 주었다(요 3:16; 롬 3:24, 26).

 성경과 더불어 복습

1. 우리가 그리스도를 통해 죄에서 용서 받음으로 기뻐하시는 이는 누구이신가? 엡 1:6-9; 골 1:19-20

2. 우리가 그리스도를 통해 죄를 용서 받는 근거가 무엇에 있다고 하겠는가?
   요 3:16; 요일 4:10; 롬 3:25-26

3. 우리는 왜 죄를 용서 받아야 하는가?
   ① 골 1:19-20; 엡 1:14

   ② 롬 3:23-24; 히 9:15

4. 우리가 죄의 용서를 받음으로 누릴 수 있으며, 얻을 수 있는 것은 무엇인가?
   롬 5:10; 골 1:20-22

2. 속죄의 성질

① **속죄는 하나님께 만족을 드릴 수 있었다.** : 속죄는 주로 죄인을 감화하여 그의 마음에 회개를 불러일으키므로, 죄인을 하나님께로 돌아가도록 공헌했다고 흔히 말한다. 그러나 이는 잘못된 것이다. 왜냐하면 만일 어떤 사람이 다른 사람에게 잘못을 저지르면 범죄자에게가 아니라 해를 당한 편이 보상되어야 하기 때문이다. 이 말은 속죄의 제1차적인 목적이 하나님을 죄인에게 화해시키는 것이었다는 것을 의미한다. 하나님께 대한 죄인의 화해는 제2차적 목적으로 간주될 것이다.

② **속죄는 대리적 속죄였다.** : 하나님께서는 죄인들의 개인적 속죄를 요구하셨지만, 죄인들은 그 요구에 응할 수 없었다. 이런 사실로 미루어 볼 때, 하나님께서는 그리스도를 인간의 대리자로 세워 사람을 대신해야 한다고 작정하셨던 것이다. 그리하여 그리스도께서는 우리의 대리자로서 죄의 형벌을 짊어지시고 인간을 위해 영원한 구원을 이루셨던 것이다. 그런 이유로 우리는 이 속죄를 대리적 속죄라고 말할 수 있다. 이런 경우에 범죄를 당한 편에서 속죄를 위한 준비를 했다고 할 수 있다. 구약의 희생은 그리스도의 속죄사역을 예시해 주는 것이었다.

③ **속죄는 그리스도의 능동적이며 피동적인 순종을 포함한다.** : 그리스도의 속죄는 이중적 순종으로 구별하는 것이 통례이다. 그리스도의 능동적 순종은 그가 영생을 얻게 할 조건으로 죄인을 위하여 율법을 준수하신 데 있다. 그리스도의 피동적 순종은 그가 죄의 형벌을 담당하시고, 그의 백성의 빚을 탕감함으로써 고난을 당하신 데에 있다.

그러나 우리가 이를 둘로 구별하긴 하지만, 이들을 결코 분리시켜서는 안 된다. 그리스도께서는 그의 고난당하심에 있어서도 능동적이셨고, 율법을 복종하심에 있어서도 피동적이셨다. 성경은 우리에게 그리스도께서는 율법의 형벌을 담당하셨고, 죄인으로 하여금 영생을 얻도록 공을 세워 놓으셨던 것이다.

 성경과 더불어 **복습**

1. 인간이 죄를 지음으로 인해 하나님의 의도는 어떻게 되었으며, 그 진노는 무엇인가? 창 2:8-9 ↔ 3:17-19

___

___

2. 속죄의 제1차적인 목적은 무엇인가? 엡 1:14; 골 1:19-20

___

3. 우리는 우리의 죄를 스스로 해결할 수 있는가? 롬 3:11-12, 20; 딛 3:5-7

___

4. 그리스도가 우리를 위해 죽으심은 누구의 계획인가? 갈 4:4-5; 엡 1:4, 9

___

5. 그리스도가 대속의 속죄 제물이 되사 우리를 죄에서 구원하시는 근거는 무엇인가? 출 12:13, 23; 레 14:19 ↔ 고전 5:7; 엡 1:7

_____

_____

6. 그리스도가 사망의 고통을 당하시고 죽으신 것은 분명 율법에 의한 죄의 대가라고 할 때, 결국 누구의 죄를 담당하신 것인가?
고후 5:21; 요일 3:5; 갈 1:4

_____

_____

7. 그리스도가 죄인의 모습으로 죄의 대가에 의해 당하는 사망을 택하신 것(능동적)은 무엇에 의한 순종인가? 사 53:8; 갈 3:10, 13

_____

_____

8. 그리스도가 피동적 순종이면서도 능동적으로 고난의 길을 택하신 것은 무엇 때문인가? 마 26:39; 롬 3:25

_____

_____

속죄의 범위

    모든 교파 중 로마가톨릭과 루터파와 알미니안파들은 그리스도의 속죄를 우주적이며 보편적인 것으로 간주한다. 이 말은 그들의 견해대로 모든 인간이 구원 얻는다는 것을 의미하는 것이 아니라, 그리스도께서는 모든 사람을 예외 없이 구원하기 위해 고난당하시고 죽으셨다는 것을 의미하는 것이라 한다. 그러므로 그들은 의도된 취지가 성취되지 않았다고 주장한다. 그리스도께서는 모든 사람을 실제로 구원하신 것이 아니고, 다만 구원할 가능성만을 확립해 놓으신 것이라고 주장한다. 또 그들의 실제적 구원은 그들 자신의 선택에 의존한다고 주장한다.

    한편, 개혁파 교회는 제한 속죄를 믿는다. 그리스도께서는 선택받은 자만을 구원할 목적으로 고난당하시고 죽으셨으며, 그 목적은 실제로 성취되었던 것이다. 그리스도께서는 구원을 가능하게 했을 뿐 아니라 그의 생명을 버려 주신 모든 자 하나 하나를 실제로 구원하신다(눅 19:10; 롬 5:10; 고후 5:21; 갈 1:4; 엡 1:7). 성경은 그리스도께서 자기 백성을 위해 생명을 버리셨다(마 1:21)고 말한다. 즉 그의 양무리(요 10:11, 15)와 교회(행 20:28; 엡 5:25-27) 곧 선택받은 자를 위하여 생명을 버리셨다고 지적한다(롬 8:32-35).

    성경은 가끔 그리스도께서 세상을 위하여(요 1:29; 요일 2:2, 4:14)

또는 모든 자를 위하여(딤전 2:6; 딛 2:11; 히 2:9) 죽으셨다고 말하는데, 이것은 분명히 그가 세상 모든 민족(유대 민족만이 아니라 다른 민족도 구원받을 수 있다는 것을 의미)의 백성을 위하여, 또는 모든 종류와 모든 계급(특수 계급이 아니라 어떤 계급의 사람이라도 구원받을 수 있는 것을 강조)의 백성을 위해 죽으셨다는 것을 의미하는 것이다.

 성경과 더불어 **복습**

1. 그리스도가 모든 사람을 위해 속죄의 대속을 이루셨다고 할 때, 다음의 성구들에서 그 모든 사람은 어떻게 표현되고 있는가?

   ① 눅 19:10

   _____

   ② 마 1:21 ↔ 요 1:13

   _____

   ③ 요 10:14-16 ↔ 요 1:12

   _____

   ④ 행 20:28; 엡 5:25-27 ↔ 롬 8:32-35

   _____

2. 다음의 성구들은 그리스도의 속죄의 구원사역이 모든 사람(우주적, 보편적)에게 효력을 미친다는 근거가 될 수 있는가? 아니면 그 의미는 어떻게 받아들여야 하는가? 아래 제시된 성구를 통하여 정리해 보자.

① 요 1:29 ↔ 요 3:16-17 ↔ 엡 2:8 ↔엡 1:4-6

〈정리〉 롬 3:9, 29-30

② 딤전 2:6; 요일 2:2 ↔ 딤전 4:10

〈정리〉 사 55:1; 마 9:9-12, 19:14; 눅 16:22; 갈 3:28

3. 그리스도가 우리의 죄를 담당하시어 대속해 주심으로 우리(신자)에게 미치는 영향은 무엇인가?

① 사 53:10 ↔ 요 12:24

② 히 9:26

③ 갈 3:13; 골 2:14 ↔ 롬 7:1-6

④ 갈 3:28; 엡 2:14-16

⑤ 엡 2:11-13, 19

⑥ 롬 5:10; 골 1:20-22

⑦ 엡 1:7; 요일 1:7 ↔ 계 1:5

⑧ 롬 5:9; 고후 5:21

⑨ 롬 8:1-3, 31, 33-39

⑩ 고전 6:20; 계 5:8-10

⑪ 히 10:10

⑫ 히 10:14 ↔ 히 10:1-2

⑬ 히 9:14 ↔ 롬 8:15

⑭ 히 10:19-20

⑮ 계 22:14 ↔ 계 7:14

⑯ 살전 5:10

⑰ 계 7:14-15

_____

⑱ 히 9:15

_____

✚ 세 종류의 사람 ✚

첫째 사람은, 죄를 무거운 짐으로 느끼지 않고서, 도리어 죄를 사랑하며, 사모하고 있다.

둘째 사람은, 죄의 무거운 짐을 느끼고, 자기의 자력(自力)에 의해 거기에서 벗어나고자 하며, 그것을 속(贖)하기에 족하다고 생각하고 있다. 즉 '죽은 행실'을 하여 하나님을 기쁘시게 하려고 노력하고 있는 사람들이다. 그러나 이러한 일에 의해 결코 평안이라는 것이 얻어지는 것이 아니라, 하나님께 대한 진실한 사랑을 가지며, 진실한 봉사를 한다고 할 수도 없는 것이다.

셋째 사람은, 그리스도와 그 구속의 속죄를 믿고 있는 사람으로, 그 죄가 그리스도의 죽으심에 의해 영원히 제거되어 있는 것이다. 그러므로 그들은 '양심을 깨끗하게 하여 죽은 행실을 제거' 받은 사람들이다. 그들의 마음은 하나님께 대한 사랑으로 충만되어 있다. 그리고 그들은 스스로를 깨끗하게 하여 온전히 하는 바의 피에 의한 신앙에서 난 사랑의 자유를 가지고서, 살아계신 하나님께 봉사하는 것이다.

제 5 부

구원론(救援論)

부르심과 중생
회심과 믿음
칭의
성화와 성도의 견인

부르심(召命)과 중생(重生)

일반적으로 부르심이란, 하나님께서 죄인으로 하여금 그리스도를 통하여 제공된 구원을 받도록 초대하시는 하나님의 은혜로운 행위라고 정의할 수 있을 것이다. 이 부르심은 외적이며, 또는 내적인 것이다.

1. 외적 부르심

외적 부르심이란 죄의 용서와 영생을 얻기 위하여 믿음으로 그리스도를 영접하도록 하는 열망적인 권고로서, 죄인들을 향하여 그리스도 안에 있는 구원을 제시하고 제공하는 것이라 할 수 있다. 이 정의로 보아 외적 부르심은 다음의 세 가지 요소를 포함한다고 볼 수 있다. 첫째, 복음적 사실과 복음적 개념의 제시. 둘째, 회개하고 예수 그리스도를 믿게 하는 초청. 셋째, 용서와 구원의 약속. 그 약속은 조건적이며, 그 약속의 성취는 진정한 믿음과 회개의 방법에서만 기대될 수 있다.

(1) 우주적 부르심

외적 부름은 그 부름이 복음을 듣는 모든 자에게 온다는 의미로 볼 때 우주적이라 할 수 있다. 그 부름은 어떤 시대나, 어떤 민족이나, 어떤 계급이나, 어떤 인간에게만 국한되지 않고, 택한 자뿐만 아니라 유기된 자에게도 온다(사 45:22, 55:1; 겔 3:19; 욥 2:32; 마 22:2-8, 14; 계 22:17).

(2) 진정한 부르심

자연적으로 이 부름은 하나님으로부터 내려오는 것으로서 진정한 의미를 갖는다. 하나님은 죄인들을 좋은 믿음 가운데로 부르시며, 그들이 그 부르심의 초청을 받아들이기를 열망하시며, 회개하고 믿는 자들에게는 신실하게 영생을 약속하신다(민 23:19; 시 81:13-16; 잠 1:24; 사 1:18-20; 겔 18:23, 32, 33:11; 마 23:37; 딤후 2:13). 외적 부르심에서 하나님은 죄인을 향한 요구를 계속하신다. 만일 인간이 그 부름에 반응하지 않는다면 그 인간은 하나님의 요구를 멸시하는 것이므로 그의 죄가 증가된다. 또 외적 부르심이란 하나님이 세상의 모든 사람들로부터 택한 자를 모으시기 위하여 정하신 방법인데(롬 10:14-17), 비록 죄인들이 이 부름을 욕되게 하더라도 하여간 죄인을 위한 하나의 복으로 간주되어야 한다(사 1:18-20; 암 8:11; 마 11:20-24, 23:37). 끝으로 이 부르심은 또한 죄인을 정죄함에 있어서, 하나님을 공의로우시다고 한다. 만일 죄인들이 구원의 제공을 멸시한다면 그들의 죄는 아주 명백하게 드러난다(요 5:39-40; 롬 3:5-6, 19).

 성경과 더불어 복습

1. 외적 부르심은 구원 받기로 예정된 자들에게만 제시된 것인가? 아니라면 그 범위는 어떠한가? 마 28:19; 행 13:46-47

2. 모든 사람을 대상으로 부르심에 있어서 복음의 중심은 무엇인가?

요 3:16; 요일 5:9-12

3. 다음의 성구에서 외적 부르심의 요소는 각각 무엇인가?

① 막 16:15-16; 행 26:17-18

② 행 2:38-39, 3:16

③ 행 26:18; 요일 1:9

4. 부르심의 대상은 하나님의 택정함에서 제외된 자도 포함하는가?

사 45:22; 계 22:17

5. 외적 부르심에 의하여 회개하고 믿는 자들에게 약속된 것은 무엇인가?

사 55:6-7 ↔ 롬 2:4-8

6. 하나님께서 택한 자들을 불러 모으는 방법은 무엇인가?

눅 4:43; 롬 10:14-17

2. 내적 부르심

우리가 하나님의 부르심에 대해 두 가지 면으로 구별했는데, 이 내적 부르심이 진정한 부르심이다. 이 내적 부르심이란 성령의 역사로 외적 부르심을 효과 있게 만드는 것이다. 내적 부르심은 항상 성령의 역사에 의해 구원적으로 적용된 하나님의 말씀을 통하여 죄인들에게 이른다(고전 1:23-24). 외적 부르심과는 달리, 이 내적 부르심은 구원을 유효하게 하는 능력 있는 부르심이다(행 13:48; 고전 1:23-24). 이뿐 아니라 이 부르심은 후회 없는 부르심이며(롬 11:29), 결코 변경되지 않으며 취소되지 않는 부르심이다. 이 내적 부르심을 받은 사람은 분명히 구원될 것이다. 하나님의 영은 말씀의 선포를 통하여 그 말씀의 권위를 유효하게 하시므로, 인간은 하나님의 음성을 듣는다. 그것은 성령에 의해서 계몽된 지력(知力)에 호소하므로, 인간은 그것을 의식한다. 그리고 내적 부르심은 항상 일정한 목적에 인도되며, 그 부르심은 예수 그리스도와의 교제를 이룩하게 하는 부르심이며(고전 1:9), 복을 누리게 함이며(벧전 3:9), 자유를 위함이며(갈 5:13), 화평하기 위함이며(고전 7:15), 거룩함을 위함이며(살전 4:7), 소망을 위함이며(엡 4:4), 영생을 위함이며(딤전 6:12), 하나님의 나라와 영광을 위한 부르심이다(살전 2:12).

 **성경과 더불어 복습**

1. 외적 부르심과 달리 내적 부르심에 있어서 복음을 받아들이는 것의 다른 점은 무엇인가? 행 28:24-26 ↔ 행 13:48; 고전 1:23-24

2. 내적 부르심에 의해 부름 받은 자로부터 그 부르심이 거절될 수 있는가?
   롬 11:29; 딤후 1:9

3. 성령님은 내적 부르심을 받은 자로 하여금 무엇을 성취하게 하는가?
   ① 고전 1:9

   ② 벧전 3:9

   ③ 갈 5:13

   ④ 고전 7:15

⑤ 살전 4:2-4, 7

⑥ 엡 4:4

⑦ 딤전 6:12

⑧ 살전 2:12

3. 중생(Regeneration)

(1) 중생의 본질

중생이란 말은 항상 동일한 의미로 사용되지는 않는다. 우리의 신앙고백서는 여기에다 회심을 포함시켜 넓은 의미로 사용한다. 오늘날에는 보다 협의의 의미를 갖는다. 엄밀한 의미로 중생이란 새 생명의 원리를 인간 속에 뿌리시고 영혼의 지배적인 성향(性向)을 거룩하게 하시는 하나님의 행위라고 정의할 수 있다. 앞의 정의에 덧붙여 좀 더 이해하기 쉬운 의미로 말하면, 중생이란 생명의 원리와 영혼의 지배적인 성향에 있어서 일어나는 근본적인 변화이므로, 그 인간 전인격(全人格)에 영향을 미친다(고전 2:14; 고후 4:6; 빌 2:13; 벧전 1:8). 중생은 순간적으로 완성되는 것이다. 성화와 같이 점진적인 과정이 아닌 것이다. 우리는 중생함으로 사망에서 생명으로 옮겨간다(요일 3:14). 그러므로 중생은 인간에 의해 직접적으로는 파악되지 않으나, 그 결과에 따라 알려질 수 있는 하나님의 비밀 된 사역인 것이다.

(2) 중생하게 하시는 분

하나님이 중생의 주체자가 되신다. 성경은 중생을 성령의 사역이라고 말해준다(요 1:13; 행 16:14; 요 3:5, 8). 우리는 알미니안파와는 반대로 중생이 전혀 인간의 사역이 아니라, 하나님의 영의 독자적인 역사라고 본다. 중생의 사역에는 하나님과 인간의 협동작용이란 있을 수 없다. 뿐만 아니라 엄밀한 의미에서 중생은 새 생명을 심는 것으로서, 성령의 직접적이고 즉각적인 역사라고 말할 수 있다. 중생은 복음의 사역이 도구로써 사용될 수 없는 것으로 보기 때문에 하나의 독창적인 사역인 것이다. 중생은 보다 총괄적 의미로 볼 때 확실히 말씀의 방편을 통하여 이루어진다.

 **성경과 더불어 복습**

1. 중생이란 한마디로 무엇이라고 말할 수 있는가? 고후 5:17; 갈 6:15

2. 중생이란 무엇에서 무엇으로 전이(轉移)하는 것인가?

   요일 3:14; 엡 2:1, 4-5

   _____

3. 중생은 누구의 힘으로 이루어지는가? 요 1:13, 3:5, 8

   _____

4. 하나님이 우리에게 주신 중생의 유일한 길은 무엇인가? 약 1:18; 벧전 1:23

   _____

5. 중생은 왜 필요한가?

   ① 롬 8:13-14

   _____

   ② 요 3:3

   _____

22 회심(回心)과 믿음

   성경은 회심에 대해 항상 동일한 의미로 말하지는 않는다. 우리가 여기서 생각할 회심이란 중생 받은 자로 하여금 그들의 의식적 생활 가운데서 믿음과 회개를 통하여 하나님께 돌아오게 하시는 하나님의 행위라고 정의할 수 있다. 이 정의를 통해 보면 하나님이 회심의 창시자이심을 알 수 있고, 이에 대해 성경(행 11:18; 딤후 2:25)은 명백히 증언해 주고 있다.

   중생은 새 생활의 의식적인 변화를 통하여 저절로 발생하는 것이 아니라, 성령의 특별한 역사를 통하여서만 일어나는 것이다(요 6:44; 빌 2:13). 그러나 중생에 있어서는 하나님만 역사하시고 인간은 피동적인데 반하여, 회심에 있어서는 인간은 협동하도록 요청을 받는다(사 55:7; 렘 18:11; 행 2:38, 17:30). 그러나 그런 경우에 인간은 다만 하나님께서 주시는 능력으로 행하는 것뿐이다.

   회심은 중생과 같이 순간적인 변화이지, 성화와 같은 점진적인 과정이 아니다. 그러나 중생과는 달리 회심은 인간의 무의식적 생활에서 일어난다기보다는 오히려 의식적인 생활 가운데서 일어나는 변화인 것이다. 회심은 모든 성인에게 반드시 필요한 것이지만(겔 33:11; 마 18:3), 그렇다고 회심이 반드시 각 사람의 생활에서 현저한 전환점으로 나타나야만 되는 것은 아니다.

1. 회심의 소극적 요소인 회개

> 회개란 과거를 돌아보는 것으로서, 죄인의 의식적인 생활 가운데서 죄를 쫓아버림으로 일어나는 변화라고 정의할 수 있는 것이다.
>
> **(1) 회개의 요소**
> 회개는 세 가지 요소를 포함하고 있다.
> ① **지적 요소** : 이것은 과거의 생활이 자신의 비행과 추행과 무력함을 수반하는 죄의 생활이라고 생각하는 것이다(롬 3:20).
> ② **감정적 요소** : 이것은 거룩하고 의로우신 하나님을 대항하여 범한 죄를 슬퍼함이다(고후 7:9-10).
> ③ **의지적 요소** : 이것은 목적의 변화에서 일어나는 요소인데, 죄로부터의 내적인 전환과 죄를 용서받고 씻어 버리고자 하는 성향(性向)을 말함이다(롬 2:4). 회개는 본래 하나님의 율법에 의해 인간 내부에서 일어나는 작용이다.

 성경과 더불어 복습

1. 회심이란 무엇이라고 정의할 수 있는가? 사 55:6-7; 욘 3:10; 약 4:8-10

2. 회심은 누구로부터 오는가? 행 11:18; 딤후 2:25

3. 우리가 우리의 노력으로 회심이 가능한가?

   겔 36:26-27 ↔ 렘 13:23; 요 6:44

4. 회심이 우리에게 왜 필요한가? 겔 33:11; 마 18:3

5. 회개하지 아니하고도 구원 받을 수 있는가? 눅 13:3, 5; 행 17:30-31

6. 우리가 회개를 위하여 어떤 방법이 필요한가? 레 26:40; 시 34:18

7. 다음의 성구들을 연결하여 살펴볼 때, 회개는 어떻게 이루어지는가?

   시 32:5; 사 59:12-14 ↔ 시 38:18; 약 4:8-10 ↔ 시 101:2-4; 욘 3:10

2. 회심의 적극적 요소인 믿음

(1) 믿음의 종류
성경은 믿음에 대하여 항상 동일한 의미로 말하지 않는다.

① **역사적 믿음** : 성경은 역사적 믿음에 대해 언급하고 있는데, 이 신앙은 아무런 실제적인 도덕적, 영적 반응 없이 성경진리를 지적으로 받아들이는 것이라고 본다. 그런 믿음은 진리를 진지하게 받아들이지 않고 진리에 대한 진정한 관심을 나타내지 않는다(행 26:27-28; 약 2:19).

② **일시적 믿음** : 성경은 일시적 믿음에 대해서도 말하고 있는데, 이 신앙은 중생한 자의 마음에는 뿌리박지 못하는 것으로서, 양심의 어떤 자극과 감정의 흥분으로 종교의 진리를 받아들이는 것이라 할 수 있다. 이것을 일시적이라 칭하는 이유(마 13:20)는 영속적 성질이 없으므로 시련과 박해 시에는 믿음을 유지하지 못하기 때문이다(히 6:4-6; 딤전 1:19-20 ↔ 요일 2:19 비교).

③ **이적적 믿음** : 성경은 또한 이적적인 믿음에 대해서도 말하고 있는데, 이 신앙은 이적이 자기에 의하여 또는 자신을 위하여 행해질 수 있다는 개인적 확신이다(마 8:11-13, 17:20; 막 16:17-18; 요 11:22, 40; 행 14:9). 이 믿음은 구원적 신앙을 수반할 수도 있고, 수반하지 않을 수도 있다.

④ **구원적 믿음** : 성경은 구원적 신앙에 대해 말할 뿐 아니라, 구원적 믿음의 필연성을 강조한다. 이 신앙은 인간 마음속에 자리 잡고 있으며, 또한 중생한 생명에 뿌리박고 있는 것이라 할 수 있다. 이 신앙의 씨는 중생의 밭에 뿌려지고, 점차적으로 능동적 믿음으로 된다. 그러므로 구원적 신앙이란 성령에 의해 마음속에 일어나는 복음진리에 대한 개인적 확신이며, 그리스도 안에서의 하나님의 약속에 대한 진실한 신뢰라고 정의할 수 있다.

(2) 믿음의 요소

우리는 진정한 구원적 믿음의 요소를 세 가지로 구분한다.

① **지적 요소(지식)** : 하나님의 말씀 안에 계시된 진리에 대해 적극

적인 인식, 즉 죄인의 마음속에 일어나는 진리에 대한 영적 통찰력이 있다. 이 요소는 절대적으로 하나의 확실한 지식으로서 하나님의 약속에 근거한다. 이 지식은 신자에게 복음의 기본적 진리에 대해 어느 정도의 개념을 제공하기에 충분해야 된다.
② **감정적 요소(찬동)** : 하이델베르크 요리 문답은 이런 요소에 대해 구분해서 말하지 않는다. 왜냐하면 이 요소가 구원받는 믿음에 관한 지식 속에 실제로 포함되어 있기 때문이다. 이 요소가 그 대상의 중요성에 대해 강한 확신을 갖게 해주는 것은 구원받는 지식의 특성인데, 이것을 찬동이라고 한다.
③ **의지적 요소** : 이 요소는 구원받는 믿음의 으뜸가는 요소가 된다. 그것은 사죄와 영적 생명의 근원되시는 그리스도께 대한 인격적 신뢰인데, 이 신뢰는 그리스도에게 범죄한 영혼의 항복을 포함하는 것이다.

마지막 분석에 의하면, 구원받는 믿음의 대상은 예수 그리스도이시며, 구원의 약속은 그리스도 안에서 주어지는 것이다(요 3:6, 18, 36, 6:40; 행 10:43; 롬 3:22; 갈 2:16). 이 신앙은 인간에게서 난 것이 아니라 하나님의 선물이다(고전 12:8-9; 갈 5:22; 엡 2:8). 그러나 이 신앙의 수행은 하나님의 자녀들이 반복적으로 권고 받는 인간의 활동인 것이다(롬 10:9; 고전 2:5; 골 1:23; 딤전 1:5, 6:11).

(3) 믿음의 확신

알미니안파에서는 믿는 자는 곧 자기가 하나님의 자녀라는 것을 확신한다고 하지만, 이것은 그가 궁극적 구원을 확신하고 있다는 것을 의미하는 것이 아니다. 왜냐하면 그가 은혜에서 떨어질는지도 모르기 때문이다. 올바른 견해는 비록 정도의 차이는 있을지라도 하나님께 대한 신뢰를 포함하는 진정한 믿음이란 자연히 안전과 보호의 의미를 수반하는 것이다. 이 확신은 신자의 영구한 의식적 소유물이 아니다. 그리스도인은 언제나 충실한 신앙생활을 영위하는 것이 아니므로, 항상 영적 부함을 의식하는 것은 아니다. 그는 회의와 불안정에 의해 동요될지도 모르므로, 확신을 얻도록 권고를 받는다. 이 확신은 기도함으로써, 하나님의 약속을 명상함으로써, 또는 참된 그리스도인의 생활의 진전에 의해 얻을 수 있는 것이다.

 **성경과 더불어 복습**

1. 행 26:27, 28에서 아그립바 왕이 선지자를 믿으나(역사적 사실로 아는 것), 진정 무엇을 믿어야 한다고 바울은 말하고 있는가? 행 26장

___

2. 일시적 믿음의 취약점은 무엇인가? 마 13:20-21

___

3. 하나님의 능력이 자신에게 이적으로 나타남을 확신하는 것과 구원의 확신은 필연적인 것인가? 눅 17:11-19

___

4. 구원적 믿음은 우리의 힘만으로 가능한가? 마 16:16-17; 엡 2:8

___

5. 롬 10:9-10에서 믿음의 지적 요소와 감정적 요소(찬동)와 그리고 의지적 요소는 어떻게 표현되는가?

6. 성경의 지식과 조직적인 신학 교수만을 통해서도 구원의 신앙을 가질 수 있는가? 고전 1:20-21, 2:1-5

7. 믿음의 의지적 요소인 신뢰는 우리의 신앙에서 무엇으로 나타나야 하는가? 요 4:50; 약 2:14, 21-22

8. 우리의 믿음의 방편은 무엇인가? 행 16:31; 롬 3:22

9. 우리의 신앙은 한 번 결심함으로 충분한가? 히 4:16 ↔ 벧후 1:10

10. 우리가 믿음의 확신을 어떻게 키워나갈 것인가? 마 26:41; 행 17:11; 요 15:4-6

칭의(稱義)

칭의란 예수 그리스도의 완전한 의에 근거해서, 죄인을 의롭다 선언하시는 하나님의 법적 행위라고 정의할 수 있다. 칭의는 중생이나 회심이나 성화와 같이 갱신(更新)의 행위나 갱신의 과정이 아니므로, 죄인의 상태에 영향을 미치는 것이 아니라 죄인의 신분에 영향을 준다. 칭의는 몇 가지 특별한 점에서 성화와 차이가 있다. 칭의(Justification)는 죄인 밖에서, 즉 하나님의 법정에서 발생하는 것으로서, 죄책을 제거해 주며, 단번에 영원히 완성되는 행위인데 반하여, 성화는 인간 내부에서 일어나는 것으로서, 죄의 오염을 제거해 주며 계속적으로 일생을 걸쳐 행해지는 과정이다.

1. 칭의의 요소

우리는 칭의에 있어서 두 가지 요소를 구별한다.

(1) 소극적 요소(예수 그리스도의 의에 근거한 죄의 용서)

칭의에서 허락된 바 그 용서는 과거, 현재, 미래의 모든 죄에 적용되는 것이므로 반복을 인정하지 않는다(시 103:12; 사 44:22; 롬 5:21, 8:1, 32-34; 히 10:14). 이 말은 우리가 죄의 용서를 위해 더 이상 기도할 필요가 없다는 것을 의미하는 것이 아니다. 왜냐하면 죄책의 인식이 그대로 남아있어, 용서받지 못했다는 감정(분리된 감정)을 조장시키므로, 사죄의 확신에 대한 위안을 반복적으로 요청할 필요가 있도록 하기 때문이다(시 25:7, 32:5, 51:1; 마 6:12; 약 5:15; 요일 1:9).

(2) 적극적 요소(하나님의 자녀로서 양자됨)

칭의로 인해 하나님은 믿는 자들을 그의 자녀로 삼으신다. 즉 하나님께서는 신자들을 자녀의 위치에 두시고, 그들에게 영원한 상속권은 물론 자녀의 모든 권세를 부여하신다고 말할 수 있다(롬 8:17; 벧전 1:4). 신자들의 이러한 법적 아들 됨은 중생과 성화를 통한 도덕적 아들 됨과는 구별되어야 한다.

성경과 더불어 복습

1. '의롭다' 하시는 선언은 죄인의 상태에서 벗어난 것을 의미하는가? 롬 4:2-8

2. '의롭다' 하시는 선언에 어떤 구별과 범위가 있는가? 행 13:39; 롬 3:30

3. 우리가 구원을 얻는데 있어서 거듭 '의롭다'하는 선언을 필요로 하는가?
   시 103:12; 롬 8:1; 히 10:14

4. 그렇다면 우리는 우리의 죄를 위하여 기도할 필요가 없는 것인가?

시 51:1-3; 요일 1:9-10

_____

_____

5. 칭의로 말미암아 우리는 하나님 앞에 어떤 자격을 갖게 되는가?

갈 4:5-6; 벧전 1:3-7

_____

_____

2. 믿음으로 말미암는 칭의(진정한 칭의 교리)

　　성경은 죄인의 칭의에 대해 말할 때, 의롭다 하시는 하나님의 은혜를 주관적으로, 또 개인적으로 적용하고 전용하는 것을 말한다. 그래서 우리가 믿음으로 의롭다함을 받는다고 일상적으로 표현한다.
　　이 말은 칭의란, 우리가 믿음으로 그리스도를 영접할 때 얻는 것이라는 사실을 의미하는 것이다. 그러므로 믿음이란 칭의의 도구요, 칭의가 전용되는 기관이라고 할 수 있다. 인간은 믿음으로 말미암아 그리스도의 의를 자신에게 적용하는데, 이 그리스도의 의(義)로 말미암아 인간은 하나님 앞에서 의롭다하심을 얻는다.

 **성경과 더불어 복습**

1. 의로 여김을 받는 시기는 언제라고 말할 수 있는가? 행 13:39; 갈 2:16

2. 우리가 의롭다함을 얻는 것은 누구로 말미암는가? 롬 3:21-24; 고후 5:21

3. 우리가 얻는 의는 누구의 의가 전가(轉嫁)된 것인가? 롬 5:18-19

4. 그리스도의 의를 우리가 얻는 데에 있어서 치르는 대가가 있는가?
   롬 3:24, 8:30

5. 우리가 의롭다 하시는 선언으로 말미암아 누리는 복은 무엇인가?
   ① 롬 5:1; 골 1:20-22

   ② 롬 8:1, 33-34

③ 딛 3:7

④ 롬 5:9

⑤ 롬 8:30

⑥ 롬 5:16-17

성화(聖化)와 성도의 견인(堅忍)

1. 성화의 본질과 특성

성화(聖化)란 죄인을 순결하게 하시며, 죄인의 전 성질(性質)을 하나님의 형상으로 새롭게 하시며, 죄인으로 하여금 선행을 행할 수 있도록 하시는 성령의 계속적이고 은혜로우신 작용이라고 정의할 수 있다. 성화는 인간의 내부생활에서 일어난다는 면에서 볼 때, 칭의와 다르다. 성화는 법적 행위가 아니라 재창조적(원기를 북돋우는) 행위이며, 대체로 장기적 과정이며, 현세 생활에서는 완전에 도달할 수 없는 것이다. 성화는 결정적으로 하나님의 초자연적인 사역이지만, 신자는 하나님이 그의 뜻대로 정해 주신 수단을 부지런히 사용함으로 성화에 있어 하나님과 상호 협력할 수 있으며 또 그렇게 해야 한다(고후 7:1; 골 3:5-14; 벧전 1:22). 성화란 중생에서 이미 주어진 것들로부터 단순히 초래되는 것이 아니라, 새 생활에 힘을 북돋우며, 증진시키며, 견고하게 하는 것이라고 볼 수 있다.

성화는 두 부분으로 구성되는데, 하나는 인간성의 오염과 타락의 점진적 제거이며(롬 6:6; 갈 5:24), 다른 하나는 하나님께 헌신하도록 하는 새 생활의 점진적인 발전(롬 6:4-5; 골 2:12, 3:1-2; 갈 2:19)이다. 성화는 인간의 마음에서 일어나므로, 자연히 전 생애에 영향을 준다(롬 6:12; 고전 6:15, 20; 살전 5:23). 내적 인간의 변화는 외적 생활에 있어서의 변화를 반드시 동반해야 한다. 인간이 성화작용에서 상호 협력해야만 한다는 사실은 악과 유혹에 대한 반복적인 경고(롬 12:9, 16-17; 고전 6:9-10; 갈 5:16-23)와 거룩한 삶을 위한 끊임없는 권고(미 6:8; 요 15:4-7; 롬 8:12- 13, 12:1-2; 갈 6:7-8, 15)에서부터 오는 것이다.

 **성경과 더불어 복습**

1. 우리의 성화는 이 세상에 살면서 완전히 이루어질 수 있는가?
   롬 7:18, 23; 요일 1:10

2. 성화를 이루기 위해 우리에게 힘이 되어주시는 분은 누구이신가?
   고전 6:11; 갈 5:16-23

3. 성화를 위해 우리 자신이 해야 할 일은 전혀 없는 것인가? 있다면 그것들은 무엇인가? 고후 7:1; 골 3:5-14; 벧전 1:22

4. 성화는 어떠한 부분으로 구분되어 이루어지는가?

① 롬 6:6; 갈 5:24

② 롬 6:4-5; 골 3:1-2; 갈 2:19

5. 성화는 우리 신자에게 꼭 필요한 것인가? 고후 7:1; 히 12:14

2. 현세에서 성화의 불완전성

성화가 인간의 각 부분에 영향을 주지만, 신자의 영적 성장은 현세에서 불완전한 채로 남아있다고 볼 수 있다. 신자들은 그들이 살아있는 한 죄와 더불어 투쟁해야만 한다(왕상 8:46; 잠 20:9; 약 3:2; 요일 1:8). 신자들의 생활은 육과 영 사이의 항구적인 투쟁의 생활인데, 심지어 가장 잘 믿는 자라도 아직도 죄를 고백해야 하며(욥 9:3, 20; 시 32:5, 130:3; 잠 20:9; 사 64:6; 단 9:7; 롬 7:14; 요일 1:9), 죄를 용서받기 위해 기도해야 하며(시 51:1-2; 단 9:16; 마 6:12-13; 약 5:15), 보다 더 완전하기 위해 노력해야 한다(롬 7:7-26; 갈 5:17; 빌 3:12-14).

 성경과 더불어 복습

1. 우리들은 살아있는 동안 성화를 위해 계속적으로 죄에 대해서 어떠해야 하는가? 마 5:29, 18:8; 히 12:4

_____

2. 우리가 성화를 위해 계속적으로 노력해야 할 일은 무엇인가?

① 시 32:5; 요일 1:9

_____

② 시 51:1-2; 마 6:12-13

_____

③ 롬 7:18-25; 빌 3:12-14

_____

3. 성화와 선행

> 성화는 자연히 선행의 생활로 인도한다. 이러한 선행의 생활은 성화의 열매라고 부를 수 있다. 선행은 완전한 행위가 아니라, 하나님께 대한 사랑의 원리와 하나님께 대한 신앙의 원리에서 솟아 나오는 행위(마 7:17-18, 12:33, 35; 히 11:6)이며, 계시된 하나님의 뜻을 의식적으로 순종함으로써 행해지는 행위(신 6:2; 삼상 15:22; 약 2:8)이며, 하나님의 영광을 그 궁극적 목적으로 삼는 행위(고전 10:31; 골 3:17, 23)이다. 그런데 이와 같은 선행은 하나님의 성령에 의해 중생된 자들만이 행할 수 있다.

 성경과 더불어 복습

1. 성화의 열매인 선행의 생활은 다음의 성구들이 나타내는바 어디에서부터 비롯되는가?

   ① 마 12:33-35; 히 11:6

   ② 삼상 15:22; 약 2:8

   ③ 고전 10:31; 골 3:17, 23

2. 주의 성령에 의하여 새사람이 되지 못한 사람은 선행을 할 수 없는가?
   왕하 10:28-31; 눅 6:33

3. 주의 성령에 의하여 새사람이 되지 못한 사람의 선행은 왜 불완전한 것인가? 왕하 10:28-29, 31; 눅 6:33 ↔ 고전 10:31

4. 신자의 선행이 우리의 구원에 어떠한 공로가 되는가?

눅 17:9-10; 엡 2:8-10

5. 그렇기 때문에 신자의 선행의 권고가 약화되어 있는가?

골 1:10; 딤후 2:21; 딛 2:14

4. 성도의 견인(堅忍)

'성도의 견인'이란 표현은 자연히 신자들이 구원의 길에서 인내하는 계속적인 활동을 암시해 주는 것이다. 그러나 사실상 여기의 견인이란 신자의 활동이라기보다는 하나님의 사역인데 신자들도 이 활동에 참가해야만 한다. 엄밀히 말하면 인간의 구원에 대한 확실은 하나님이 인내하신다는 사실에 근거한다.

그러므로 "견인 은혜"란 심중에 일어나는 신적 은혜가 계속되고 완성되도록 역사하는 바, 신자 내부에서의 성령의 계속적인 작용이라고 정의할 수 있다. 성경(요 10:28-29; 롬 11:29; 빌 1:6; 살후 3:3; 딤후 1:12, 4:18)은 분명히 이 교리에 대해 가르쳐 준다. 우리가 현세에서 구원의 확신을 얻을 수 있는 것은 우리가 하나님의 이러한 견인 은혜를 믿을 때뿐이다(히 3:14, 6:11, 10:22; 벧후 1:10).

 **성경과 더불어 복습**

1. 우리가 구원의 확신을 갖는 것은 다음의 성구가 나타내는바 하나님의 성품 중 무엇에 기인하는가? 렘 15:15; 롬 9:22

2. 성도가 하나님의 은혜에서 떨어져 나가지 않는 것은 어떠한 이유에서인가?
   요 10:28-29; 롬 8:35-39

3. 성도의 마음속에서 진리로 계속 이끄시는 분은 누구이신가? 요 14:17

4. 성도가 견인 은혜를 믿을 때 얻는 유익은 무엇인가?
   히 3:14, 6:11; 벧후 1:10

제 6 부

교회론(敎會論)
- 은혜의 방편 -

교회의 성질
교회의 정치와 권세
은혜의 방편인 말씀과 성례
세례와 성찬

교회의 성질

교회에 관해 구약에 주로 사용된 용어는 '부르다'라는 뜻의 동사에서 파생된 것이며, 신약의 용어는 '불러내다'라는 뜻의 동사에서 나온 것이다. 이 두 명칭은 모두가 교회를 '하나님에 의해 부름 받은 회중'으로 표현한다.

로마가톨릭과 신교는 교회의 본질적인 성질에 관한 견해에 차이가 있다. 구교는 주교, 대 주교, 추기경, 교황과 같은 고위 성직자와 함께 주로 사제들로 구성되고 있는 외부적이고 유형적인 조직체로서의 교회에서 그 본질을 찾는다. 신교는 이러한 외적인 관념을 깨고 성도들의 무형적이고 영적인 교통에서 교회의 본질을 찾는다. 교회는 그 본질적인 성질에서 볼 때 모든 시대의 성도들 외에는 아무도 포함하지 않는다. 교회는 불신자로서는 참가할 수 없는 예수 그리스도의 영적인 지체(肢體)인 것이다.

1. 교회의 정의

- **유형교회와 무형교회**

 이 구별은 지상에 존재하는 교회에 적용되는 것인데, 이 교회가 영적 성질에 관계되는 한에 있어서는 무형적이므로, 누구는 교회에 속하고 누구는 속하지 않는가를 분명히 결정하기란 불가능하다. 그러나 이 교회가 교인들의 신앙고백과 행위 면에서, 말씀과 성례의 사역 면에서, 또 교회의 외적 조직과 정치 면에서는 유형적인 것이다.

무형적 교회란 하나님의 영(靈)으로 말미암아 부름 받아 택함 받은 자의 영적 무리라고 할 수 있으며, 또는 단순히 성도들의 영적 회합이라고 정의할 수 있다. 유형적 교회란 참 신앙을 어린아이와 같이 고백하는 자들의 단체라고 정의할 수 있다. 우리는 무형교회와 유형교회의 회원이 완전히 동일하지 않다는 사실에 주의를 기울여야 한다.

 **성경과 더불어 복습**

1. 교회는 어떻게 이루워지는가? 행 2:39-41; 고전 1:2

2. 성경은 교회를 무엇이라고 말하는가? 엡 1:23

3. 교회의 주인은 누구인가? 엡 1:22, 5:23

4. 다음의 성구에서 교회는 어떤 임무를 감당하는가?

① 요 4:24; 롬 12:1 ↔ 엡 5:27

_____

② 행 2:14; 엡 3:10; 딤전 4:13

_____

③ 행 13:1-5

_____

④ 행 2:42; 엡 2:13, 15-16

_____

⑤ 행 2:45, 4:32-35; 딤전 6:18

_____

5. 교회가 지향해 나가야 할 사명은 무엇인가? 엡 4:1-6

_____

2. 교회의 속성과 표지(標識)

교회에는 세 가지 속성과 세 가지 표지 또는 외적 특성이 있다.

(1) 교회의 속성
다음과 같은 세 가지 속성이 있다.
① **교회의 통일성** : 로마가톨릭의 주장을 따르면, 이 속성은 전 세계에 퍼져있는 조직체로서의 통일성을 의미하는데, 신교는 예수 그리스도의 영적인 몸의 통일성을 의미한다.
② **교회의 거룩성** : 로마가톨릭은 교회의 거룩성을 교회의 교리, 도덕적 교훈, 예배, 권징의 거룩성에서 찾으려 하는데 반하여, 프로테스탄트는 완전한 성결로 이끄는 새 생활을 영위함으로써, 그리스도 안에서 거룩하고, 원리 면에서 거룩한 그러한 교회의 회원들 가운데 둔다.
③ **교회의 보편성** : 로마가톨릭은 특별히 교회의 보편성을 주장하는데, 그 이유는 구교가 전 지구상에 퍼져 있으며, 모든 종파들의 총수보다 많은 회원을 가지고 있기 때문이라고 한다. 반면에 신교는 무형적 교회를 진정한 보편적 교회로 보는데, 그 이유는 교회가 모든 시대와 모든 지역의 모든 신자들을 포함하기 때문이다.

(2) 교회의 표지(標識) 혹은 외적 특성
교회의 속성이 본래 무형교회에 속하는데 반하여, 교회의 표지는 유형교회에 속하며, 참 교회를 구별해 내는 데는 세 가지 특성이 있다.
① **말씀의 참된 전파** : 말씀의 참된 전파는 교회의 가장 중요한 표지이다(요일 4:1-3; 요이 9). 이 말은 말씀 전파가 완전하고 절

대적으로 순수해야 된다는 것을 의미하는 것이 아니라, 말씀 전파가 기독교의 근본에 있어서 참되어야 하며, 믿음과 행위에 지배적 영향을 끼쳐야 한다는 것을 의미하는 것이다.

② **성례의 정당한 집행** : 로마가톨릭교와 같이 성례가 말씀과 분리되어서는 안 된다. 성례는 신적 제도에 따라서, 합법적 성직자들에 의해 성도들과 그의 자손들에게만 집행되어야 할 것이다(마 28:19; 막 16:16; 행 2:42; 고전 11:23-30).

③ **권징의 신실한 시행** : 이것은 교리의 순수성을 유지하며 성례의 거룩성을 보호하는데 꼭 필요한 것이다(마 18:18; 고전 5:1-5, 13, 14:33, 40; 계 2:14-15, 20).

 **성경과 더불어 복습**

1. 다음의 성구들은 교회의 단일성을 어떤 의미로 말해 주고 있는가?
   요 10:16, 17:20-21; 엡 4:4-6

2. 교회의 거룩성이라 함은 무엇을 대상으로 한 것인가? 출 19:6; 벧전 2:9

3. 교회의 보편성은 가시적 교회의 광역만을 의미하는가? 시 2:8; 계 7:9

4. 참교회를 어떻게 구별할 수 있는가?

① 딤후 1:13 ↔ 요일 4:1-3

② 마 28:19 ↔ 고전 11:28-30

③ 딛 2:15 ↔ 마 18:15-17

교회의 정치와 권세

그리스도께서는 교회의 머리되시며, 모든 권위의 근원이 되신다(마 23:10; 요 13:13; 고전 12:5; 엡 1:20-23, 4:11-12, 5:23-24). 그는 교회를 다스리시되 강제적으로 하지 않으시고, 말씀과 성령에 의해 다스리신다. 교회의 모든 직원들은 그리스도의 권위로 옷 입은 자이므로, 그의 말씀의 지배에 순종해야 할 것이다.

1. 교회의 직원

신약에 보면, 교회의 직원은 두 종류로 나타나 있다.

(1) 특수 직원

① **사도** : 교회 직원 중에 가장 중요한 직원은 사도직이다. 엄밀한 의미로 특수 직원이란 명칭은 예수님에 의해 직접 택함 받은 그 제자와 바울에게만 적용되지만, 이 칭호는 사도적 인물들에게도 적용된다(행 14:4, 14; 고전 9:5-6; 고후 8:23; 갈 1:19). 사도들은 일정한 특별 자격을 가진다. 그들은 그리스도에게 직접 부름을 받고(갈 1:1), 부활하신 그리스도를 보았으며(고전 9:1),

영감 받음을 의식했고(고전 2:13), 이적을 행했으며(고후 12:12), 그들의 사역을 행하는데 충만한 복을 받았다(고전 9:1).

② **선지자** : 또한 신약성경은 선지자들에 대해 말하는데 이들은 교회에 대한 교훈을 말하도록 특별한 은사를 받은 인물들인데, 어떤 때는 미래사를 예고하기도 한다(행 11:28, 13:1-2, 15:32; 엡 4:11).

③ **전도자** : 또 신약은 전도자에 관해 언급하고 있는데, 이들은 사도들의 일을 돕는 자들이다(행 21:8; 엡 4:11; 딤후 4:5).

(2) 보통 직원

사도행전은 특별히 장로에 대해 자주 언급하고 있다(행 11:30, 14:23, 15:2, 6, 22, 16:4, 20:17, 21:18). 그와 병행해서 감독이란 칭호가 사용되는데, 이는 동일한 직원을 가리키는 것이다(행 20:17, 28; 딤전 3:1, 5:17, 19; 딛 1:5, 7; 벧전 5:1-2). 이 두 칭호는 모두 동일 계급의 직원들에게 적용되는데, 장로란 칭호는 그들의 나이를 강조한 것이며, 감독은 감시자로서의 직무를 강조한 것이다. 장로는 본래 교사가 아니지만 가르치는 직능이 그들의 직책과 관련이 되어 있다(엡 4:11; 딤전 5:17; 딤후 2:2).

디모데전서 5:17에 보면 어떤 장로는 단순히 치리만 했으나, 다른 어떤 장로는 가르치기도 했다. 이뿐 아니라, 신약(빌 1:1; 딤전 3:8, 10, 12)은 집사에 대해 언급하고 있다. 집사직의 제도는 사도행전 6:1-6에 기록되어 있다는 것이 일반적 견해이다.

 **성경과 더불어 복습**

1. 교회의 권위는 어디서 나오는가? 마 23:10; 엡 1:22, 5:23-24

2. 예수님은 그의 몸된 교회를 무엇으로 다스리시는가?
   사 59:21; 마 28:19-20; 행 1:8

3. 교회 직원은 누구에 의하여 세움을 입었는가? 고전 12:28; 엡 4:11-13

4. 다음 성구들은 사도의 특별한 자격을 어떻게 나타내고 있는가?
   ① 롬 1:1; 갈 1:1

   ② 고전 9:1 ↔ 요 20:24-25

   ③ 고전 2:13 ↔ 행 6:4

④ 고후 12:12 ↔ 행 14:10, 19:11-12

⑤ 행 9:15, 18:9-10

5. 선지자 직분은 교회를 위하여 어떤 일들을 하는가? 행 11:28, 15:32

6. 전도자의 직분은 교회를 위하여 어떤 일들을 하는가? 딤후 2:1-3, 4:5

7. 장로와 감독은 별개 계급의 직분인가? 행 20:17 ↔ 18

8. 장로의 다스리는 직분 외에 어떤 직분이 주어지고 있는가?
   엡 4:11 ↔ 딤전 5:17

9. 교회에 다스리는 장로와 말씀 전하는 장로 외에 어떤 직분이 있는가?
   빌 1:1; 딤전 3:8, 10, 12

2. 교회의 회의

개혁교회는 많은 정치체제를 가지고 있다. 이들 서로의 관계는 주의 깊은 순서에 의해 구분된다. 이 여러 회의는 당회, 노회, 총회를 말하는 것이다. 당회는 지교회의 목사와 장로로 구성되고, 노회는 일정한 지역 내에 각 지교회의 목사 1인과 장로 1인으로 구성되며, 총회는 각 노회에서 파송된 같은 수의 목사와 장로로 구성된다.

(1) 지교회의 정치

지교회의 정치는 전형적인 특징을 갖고 있다. 교인들에 의해 피택된 목사와 장로는 교회의 관리를 위한 하나의 당회를 구성한다(행 14:23, 20:17; 딛 1:5). 장로는 교인들에 의해 선택되나 그들의 권위를 교인(인간)들에게서 받은 것이 아니라, 교회의 주가 되시는 예수 그리스도에게서 직접 받는 것이라고 본다. 모든 지교회는 교회의 사건을 정치하기 위해 충분히 구비된 하나의 완성적인 교회이다. 그러나 지교회는 공통적 일치점을 근거로 해서 다른 교회와 관련을 맺으므로 지교회는 완전히 독립될 수가 없다. 교회헌장은 지교회의 권리와 이익을 수호하지만 한편으로는 연합된 교회의 공통의 권리와 이익을 보장해 준다.

(2) 주요 회의 또는 대회의(大會議)

지교회가 교회의 연합성을 보다 잘 이룩하기 위해 관계를 맺는 경우, 노회나 대회와 같은 대 회의가 필요한 것이다. 사도행전 15장에 기록된 예루살렘 회의는 하나의 대 회의적 성질을 말해주는 것이다. 회중의 직접 대표자들은 당회를 구성하며 이 회원 중에 일정한 수가 노회의 총대로 파송되며, 또 이 노회원 중 일부가 총회의 총대가 된다.

교회 회의는 본질상 교회적인 사건들, 곧 교리와 도덕, 교회 정치와 권징에 관한 문제들만을 취급한다. 그러나 대 회의는, 성질상 소회의(小會議)에 속하나 어떤 이유에서 거기서 해결 할 수 없는 사건들, 또는 성질상 소회의의 영역에 속하나 일반교회에 관계된 사건들까지도 다루게 된다. 그리고 대 회의의 결정은 권고적이라고만 솔직히 선언된 경우를 제외하고는 다 권위적인 것이다.

3. 교회의 권세

교회의 권세는 영적이다. 그 이유는 교회의 권세가 성령에 의해 주어지며(행 20:28), 성령의 권세의 표명인 동시에(요 20:22-23), 오로지 신자들에게만 관계되며(고전 5:12-13), 영적인 방법으로만 집행되기(고후 10:4) 때문이다. 또한 교회의 권세는 대리적인 권세인데, 이 권세는 그리스도에게서 나온 것이며, 그의 이름으로 시행된다. 이 교회의 권세는 세 가지로 나누어진다.

(1) 교리권(교훈권) : 가르치는 권세

교회는 진리를 수호하며, 오고 오는 세대에 진리를 신실하게 전하고, 불신의 모든 세력으로부터 진리를 보수(保守)하도록(딤전 1:3-4; 딤후 1:13; 딛 1:9-11) 위임을 받은 것이다. 그러므로 교회는 말씀을 세계 모든 민족들에게 끊임없이 전파해야 하고(사 3:10-11; 고후 5:20; 딤전 4:13; 딤후 2:15, 4:2; 딛 2:1-10), 신조와 신앙고백을 작성해야 하며, 장래 사역자들의 훈련을 위해 준비해야만 한다(딤후 2:2).

(2) 치리권

하나님은 질서의 하나님이시므로 교회의 모든 것들이 단정하고 질서 있게 되기를 원하신다(고전 14:33, 40). 그러기 위해서 하나님은 교회 일들의 적절한 규정을 제공해 주셨고, 그리스도의 법을 실행한 교권을 교회에 주셨다(요 21:15-17; 행 20:28; 벧전 5:2). 이 교권은 권징의 권한도 포함한다(마 16:19, 18:18; 요 20:23; 고전 5:2, 7, 13; 살후 3:14-15; 딤전 1:20; 딛 3:10).

교회 권징의 목적은 두 가지인데, 하나는 교인들의 입교와 출교에 관한 그리스도의 법을 시행하는 목적이며, 다른 하나는 교인들로 하여금 그리스도의 법에 순종하게 함으로써 그들의 영적 교훈을 촉진시키려는 목적이다.

(3) 봉사권

그리스도께서는 그의 제자들을 전도만 하도록 하실 뿐 아니라 모든 질병들을 낫게 하기 위하여 파송하셨다(마 10:1, 8; 눅 9:2, 10:9, 17). 초대 교인들 중에는 신유의 은사를 받은 자들이 더러 있었다(고전 12:9-10, 28, 30). 이러한 특별한 은사는 사도시대가 지난 후로부터는 중단되었다. 그때로부터 자선의 봉사는 교회로 하여금 가난한 사람을 돌보게 하는데 크게 국한되었다.

 **성경과 더불어 복습**

1. 교회의 권세가 영적이라고 할 수 있는 이유는 무엇인가?

   요 20:22-23 ↔ 행 20:28

2. 교회의 권세(권위)는 교회 밖에 있는 사람들에게도 미치는가?

고전 5:12-13

3. 교회의 교리권 행사의 주된 목적은 무엇인가?

딤전 1:3-4; 딤후 1:13; 딛 1:9-11

4. 교회의 치리회에서 권징의 권한을 행사하는 목적은 무엇인가?

① 고전 5:6-8

② 마 7:6

③ 딤전 5:20

④ 딤전 1:20

⎯⎯⎯⎯⎯⎯⎯⎯⎯⎯⎯⎯⎯⎯⎯⎯⎯⎯⎯⎯⎯⎯⎯⎯⎯⎯⎯⎯⎯⎯⎯⎯⎯

⑤ 고전 11:32

⎯⎯⎯⎯⎯⎯⎯⎯⎯⎯⎯⎯⎯⎯⎯⎯⎯⎯⎯⎯⎯⎯⎯⎯⎯⎯⎯⎯⎯⎯⎯⎯⎯

⑥ 딛 2:12-15

⎯⎯⎯⎯⎯⎯⎯⎯⎯⎯⎯⎯⎯⎯⎯⎯⎯⎯⎯⎯⎯⎯⎯⎯⎯⎯⎯⎯⎯⎯⎯⎯⎯

5. 집사들의 주된 임무는 무엇인가? 행 6:1-4

⎯⎯⎯⎯⎯⎯⎯⎯⎯⎯⎯⎯⎯⎯⎯⎯⎯⎯⎯⎯⎯⎯⎯⎯⎯⎯⎯⎯⎯⎯⎯⎯⎯

은혜의 방편인 말씀과 성례

1. 하나님의 말씀

(1) 말씀과 성령

'은혜의 방편'이란 말은 보다 넓은 의미로 사용될 수 있지만, 여기서는 교회가 사용하기로 한 방편의 표명이란 뜻으로 사용된다. 여기서 우리가 '말씀'이라고 말할 때는 인격적인 말씀(삼위 중 제2위)이나 능력 있는 창조의 말씀(시 33:6)을 말하는 것이 아니라, 성경에 포함되어 있고 교회에 전해진 하나님의 말씀을 특히 언급하는 것이다(벧전 1:25).

그것은 하나님의 은혜의 말씀이므로 은혜의 가장 중요한 방편인 것이다. 한편 강조할 점은 전파되는 말씀인데, 이것은 다른 방법으로 인간에게 전해지는 것이니, 즉 가정에서와 학교에서 대화나 종교적 문학의 방편으로 소개될 수 있는 것이다. 그 말씀은 성령의 역사를 통하여서만 은혜의 방편의 효과가 된다. 그 말씀만은 믿음과 회심을 일으키는데 충족하지 않지만 꼭 필요한 도구인 것이다.

한편 성령은 믿음과 회심을 일으킬 수 있기는 하지만, 말씀을 떠나서는 통상적인 역사를 하지 않는다. 말씀전파는 성령의 역사에 의해서 결실을 맺을 수 있다.

(2) 은혜의 방편으로서의 말씀인 두 부분

은혜의 방편인 말씀은 두 부분, 즉 율법과 복음으로 구성된다.

① **율법** : 은혜의 방편으로서 율법은 먼저 인간으로 하여금 죄를 자각하게 하며(롬 3:20), 율법의 요구에 응하기에 무능력함을 깨닫게 하고, 그리스도께로 인도하는 초등교사가 되게 하시는 목적이 있다(갈 3:24). 또한 율법은 신자들의 생활규칙이므로, 그들의 의무를 상기시키며 생명과 구원의 길로 인도해 준다.

② **복음** : 복음은 예수 그리스도 안에 나타난바 구원의 방도의 명백한 표시이다. 복음은 죄인들로 하여금 그리스도께로 와서 믿고 회개하도록 권고하며, 진정으로 회개하고 믿는 자에게 금생과 내생에 있어 구원의 모든 복을 약속해 준다. 또 복음은 믿는 모든 자를 위한 구원에 이르는 하나님의 능력이다(롬 1:16; 고전 1:18).

 성경과 더불어 **복습**

1. 우리가 은혜를 누릴 수 있는 가장 확실한 방편은 무엇인가?
   롬 10:17; 고전 1:18

   _____

2. '말씀'이란 무엇이라고 말하는가? 벧전 1:25

   _____

3. 율법의 두 가지 기능은 무엇인가?

① 롬 3:20, 7:7

___

② 갈 3:24

___

4. 복음의 목적은 무엇인가? 행 3:19-21; 롬 1:17

___

___

5. 복음이 죄인들을 변하게 하여 신자로 능히 만들 수 있음은 무엇 때문인가?

롬 1:16 ↔ 고전 1:18

___

2. 성례의 일반적 고찰

하나님의 말씀은 은혜의 한 방편으로 완전하다. 그러나 성례는 말씀을 떠나서는 완전하지 못하다. 이 말은 로마가톨릭과 반대되는 견해인데, 로마가톨릭은 성례가 구원에 필요한 전부라고 가르친다. 말씀과 성례는 다음과 같은 면에서 차이가 있다.

첫째, 말씀은 절대적으로 필요한 것인데 반해, 성례는 그렇지 않다.
둘째, 말씀은 믿음을 일으키며 믿음을 강하게 하나, 성례는 믿음을 강하게만 한다.
셋째, 말씀은 전 세계를 대상한 것인데 반해, 성례는 신자들과 그들의 후손들을 위해서만 시행되는 것이다.

다음 몇 가지 면에서 관찰해 보자.

성례는 세 부분으로 나눌 수 있다.

① **외적, 가견적 표시** : 성례는 각각 외적인 요소를 포함한다. 이 외적 요소는 세례에 있어서는 물이요, 성찬에 있어서는 떡과 포도주이다. 이 외적 요소만을 받는 자는 성례를 받았다고 말할는지 모르나 성례가 의미하는바 모든 것을 받은 것이 아니며, 성례의 가장 중요한 것을 받지 못한 것이라고 할 수 있다.

② **내적, 영적 은혜의 표징** : 이 표징은 성례가 의미하는 바를 가리키는 것으로서 성례의 내부적 요소인 것이다. 이 요소는 믿음의 의(롬 4:11), 사죄(막 1:4), 즉 믿음과 회개(막 1:4, 16:16) 또는 그리스도의 죽음과 부활을 통한 그리스도와의 연합 등을 말하는 것이다.

③ **표시(表示)와 표징과의 연합** : 이것은 실질상 성례의 본질을 말하는 것이다. 성례가 믿음으로 받아지는 곳에는 하나님의 은혜가 동반된다. 성례란 그리스도로 말미암아 제정된 거룩한 제도로서, 이 제도를 통하여 그리스도 안에 나타난 하나님의 은혜가 감각적 표시에 의하여 신자들에게 제시되고, 확증되고, 적용되는 것이며, 한편 신자들은 하나님께 그들의 신앙과 순종을 표현하게 되는 것이다.

 성경과 더불어 **복습**

1. 성례의 제정과 그 의의는 무엇인가? 창 17:7, 10 ↔ 롬 4:11

2. 다음의 성구들은 성례의 유익이 무엇이라고 말하는가?
① 고전 10:16-17, 11:25-26

② 출 12:48; 롬 15:8

③ 마 28:19; 고전 11:23

3. 성례의 효력은 무엇으로 인하여 나타나는가?
    마 3:11; 고전 12:13 ↔ 롬 2:28-29; 벧전 3:21

4. 상징으로 나타내는 영적인 일인 성례에 관하여 구약과 신약이 본질상 같은가, 다른가? 롬 4:11; 고전 10:1-4

5. 다음의 성구들에서 성례의 내부적 요소는 무엇이라고 하는가?

① 롬 4:11

② 막 1:4, 16:16

③ 골 2:12

④ 요 6:51

세례와 성찬

그리스도께서는 부활하신 후 세례식을 제정하였다(마 28:19; 막 16:16). 그리스도께서는 그의 제자들에게 모든 족속을 제자로 삼아 아버지와 아들과 성령의 이름으로 세례를 베풀라고 명령하셨다. 다시 말하면, 삼위일체 하나님과 특별한 관계를 맺게 하라고 명하신 것이다.

예수님은 세례의 형식에 대하여 규정하려 하지 않으셨지만, 회가 그 필요성을 느꼈을 때 이 제정의 말씀을 선택하였던 것이다. 현재의 형식은 2세기 초 이전에 사용되었던 것이다. 신교에서는 공인된 목사에 의해 삼위일체 하나님의 이름으로 시행되는 세례를 합법적인 것으로 간주하는데 반하여, 로마가톨릭은 세례를 구원에 절대적으로 필요한 것으로 간주함으로 어린 아이가 위독할 때는 신부 이외의 다른 사람에게도 특히 조산원에게도 세례를 베풀도록 허락하고 있다.

1. 세례의 바른 양식(樣式)

> 침례교회는 세례의 합당한 양식이 침례(浸禮)라고 말할 뿐 아니라, 심지어는 침례가 세례의 본질에 속한다고 주장하며, 다른 어떤 방법으로 시행된 세례는 세례가 아니라고 한다. 또 그들은 세례의 근본

적인 관념이 그리스도의 죽음과 부활관념(롬 6:3-6; 골 2:12)이라고 주장하며, 세례는 침례에 의해서만 상징적으로 표시되는 것이라 한다. 그러나 성경은 분명히 성결이 세례의 상징에 있어 본질적인 것이라고 말해주고 있다(겔 36:25; 요 3:25-26; 행 22:16; 딛 3:5; 히 10:22; 벧전 3:21). 또한 세례는 침수(浸水)와 마찬가지로 물을 뿌리는 형식이나 붓는 형식에 의해서도 상징될 수 있는 것이다(레 14:7; 민 8:7; 겔 36:25; 히 9:19-22, 10:22).

따라서 세례의 양식은 그리 중요하지 않은 것이다. 그러므로 세례는 침수의 형식에 의해 집례될 수 있으며, 붓는 형식이나 뿌리는 형식에 의해서도 집례될 수 있는 것이다.

 성경과 더불어 복습

1. 세례식은 누구에 의하여 제정된 것인가? 마 28:19; 막 16:16

2. 세례에 있어서 그 상징의 본질적 요소는 무엇인가?
   겔 36:25; 히 10:32; 벧전 3:21

3. 세례 그 자체가 죄를 씻는 효과가 있다거나 구원의 방편이 된다고 할 수 없을 때, 그 형식이 문제가 되는가? 레 14:7; 민 8:7 ↔ 행 10:47

2. 세례의 합당한 대상

(1) 성인 세례

세례는 신자와 그의 후손을 위해 시도되는 것이다. 예수께서는 분명히 세례 제정의 말씀을 주로 성인세례를 심중에 두고 말씀하셨던 것이다. 왜냐하면 제자들이 그들의 선교사업을 성인들에게서부터 시작했기 때문이다. 예수님의 교훈은 신앙고백이 세례보다 앞서야 한다는 것을 의미하는 것이다(막 16:16). 오순절 베드로의 말씀을 받아들인 자들은 세례를 받았다(행 2:41, 8:37, 16:31-34). 그러므로 교회는 세례를 받고자 하는 모든 성인들에게 신앙 고백을 요구해야 한다. 그러한 고백이 이루어지면 그 진실성을 의심할 아무런 이유가 없는 한 교회는 그 고백을 표면적 가치로 받아들여야 한다.

(2) 영아 세례의 성경적 근거

영아 세례는 성경의 단일한 구절에 근거한 것이 아니라 성경적 사상의 산물이다. 아브라함과 맺은 언약은 그것이 국가적 국면이긴 했지만, 주로 영적인 언약이었다(롬 4:16-18; 갈 3:8-9, 14). 이러한 언약은 아직도 유효하며, 본질상 현시대의 새 언약과 동일한 것이다(롬 4:13-18; 갈 3:15-18; 히 6:13-18). 영아들은 언약의 혜택에 참여하였으며, 할례의 표를 받았으며, 이스라엘 회중의 한 부분으로 계산되었다(대하 20:13; 욥 2:16). 할례는 신약에 와서 언약에 들어가는 표와 증표로써 세례와 대치된다(행 2:39; 골 2:11-12).

새 언약은 옛 언약보다 은혜로운 것으로 성경(사 54:13; 렘 31:34; 히 8:11)에 나타나 있으므로, 새 언약은 영아를 좀처럼 배제하지 않는다. 이는 마태복음 19:14; 사도행전 2:39; 고린도전서 7:14 등의 구절들의 견해와도 역시 다르다. 뿐만 아니라 전 가족이 세례를 받았는데, 이는 영아를 제외했다는 것이 아니다(행 16:15, 16:33; 고전 1:16).

(3) 영아 세례의 근거와 작용

개혁파 노선의 어떤 학자는 영아가 가정적(假定的) 중생에 근거해서 세례를 받는다고 주장하며, 또 어떤 사람은 영아는 중생의 약속을 포함하는 하나님의 총포괄적, 언약적 약속에 근거해서 세례를 받는다는 입장을 취한다. 이 후자의 견해가 보다 받아들일 만한 가치가 있다. 언약적 약속은 영아 세례의 확실한 객관적 근거를 제공해준다. 그러나 영아세례가 어떻게 영적 생명을 강하게 하기 위한 은혜의 방편으로서의 기능을 발휘할 수 있느냐 하는 문제가 일어나는데, 그 대답은 영아들이 세례 받을 때 중생되었다고 하면 세례는 그 시행시에 중생의 생명을 강하게 하는 것이며, 세례의 의미가 보다 명백히 이해된 후에는 믿음이 더 견고해질 수 있다는 것이다. 그러므로 세례의 작용이 세례의 시행 순간에만 필연적으로 제한된다고 말할 수는 없는 것이다.

 **성경과 더불어 복습**

1. 세례를 받기 전에 무엇이 선행되어야 하는가? 막 16:16 ↔ 행 2:41, 16:31-34

2. 구약의 언약과 지금의 새 언약은 본질상 다른가? 롬 4:13-14; 히 6:13-18

3. 다음의 성구들로 미루어 볼 때, 구약에서 어린아이들이 각기 어떤 면에서 인정을 받았나?

   ① 대하 20:13; 욜 2:16

   ② 창 21:3-4; 출 4:25; 눅 1:59

4. 새 언약의 중보자이신 예수님은 어린아이들을 배제하셨는가? 마 19:14

5. 초대교회에서 세례를 행할 때 영아들은 배제하였는가?

   행 16:15, 33; 고전 1:16

6. 다음의 성구들을 살펴볼 때, 세례를 통하여 우리는 어떠한 은혜를 누릴 수 있는가?

   ① 고전 12:13; 갈 3:27-28

   ② 롬 4:11; 골 2:11-12

③ 롬 6:5; 갈 3:27

④ 딛 3:5-6

⑤ 막 1:4; 행 2:38

⑥ 롬 6:3-4

3. 성찬(聖餐)

성찬은 예수님께서 돌아가시기 전 유월절에 제정된 것이다(마 26:26- 29; 막 14:22-25; 눅 22:19-20; 고전 11:23-25).
이 새로운 성례는 유월절 음식의 중심적인 요소와 직결된다. 양고기와 함께 먹는 떡은 새로운 용도로 봉헌되었으며, 축복의 잔이라고 칭하는 제3의 포도주잔도 그와 마찬가지였다. 떡과 포도주는 주님의 찢어진 살과 흘리신 피를 상징하는 것이니, 이런 것을 먹고 마심은 그리스도의 희생의 열매에 대한 영적 유용성을 지적해 주는 것이며, 그 성례 전체는 그의 구속적 죽음에 대한 계속적인 기념인 것이다.

• 표징과 인침으로서의 성찬
(1) 표징
 다른 모든 성례와 마찬가지로 성찬은 무엇보다도 하나의 표징인 것이다. 그 표징은 떡과 포도주의 유형적 요소들뿐 아니라, 그런 것을 먹고 마심까지 포함하는 것이다. 그것은 주님의 죽으심에 대한 하나의 상징적 표시(고전 11:26)이며, 신자가 그리스도의 십자가에 못 박히심과 부활하신 주님의 생명과 능력에 참여함을 상징하는 것이다. 뿐만 아니라 성찬은 거기에 참여하는 자의 고백행위인 것이다. 성찬에 참여하는 자들은 그리스도를 구주로 믿는 신앙을 고백하며, 그들의 왕 되신 그리스도께 대한 충성을 고백하는 것이다.

(2) 인침
 그러나 성찬은 표징만이 아니고 하나의 인침이니, 이것은 그 표시하는 사물에 부착되어 그 실현의 보증이 되는 것이다. 성찬은 성찬에 참여하는 신자들로 하여금 그들이 그리스도께서 고통스럽고 수치스러운 죽음에 자신을 내주심으로써 보여주신 그 위대한 사랑의 대상이라는 것을 확신시켜 주며, 언약의 모든 약속과 복음의 모든 풍요함이 그들의 것임을 확신시켜 주며, 더 나아가서는 구원의 축복이 실제 소유에 있어서 그들의 것이라는 것을 확신시켜 준다.

 **성경과 더불어 복습**

1. 성찬은 누구에 의해서 어떻게 제정된 것인가? 마 26:26-29; 고전 11:23-35

2. 성찬은 무엇에 대한 기념인가? 고전 11:24-26 ↔ 마 26:26-29

___

3. 성찬에 참여할 때, 우리 마음의 자세는 어떠해야 하는가? 고전 11:27-29

___

4. 우리가 성찬에 참여할 때, 그리스도의 무엇에 참여함이 되는 것인가?
   고전 10:16-17 ↔ 15:19-20

___

5. 신자가 성찬에 참여할 때, 무엇을 고백하는 것인가? 고전 11:26

___

✚ 성찬에 있어서 그리스도의 임재에 대한 칼빈의 견해 ✚

칼빈은 성찬에서 그리스도의 임재에 대해 육체적, 장소적 임재 대신에 그리스도의 영적 임재를 가르친다. 그는 츠빙글리와는 달리 성례의 깊은 의미를 강조한다. 칼빈은 성찬을 하나님께 대한 헌신의 보증으로 보기보다는 하나님께서 신자를 위해 행하시는 날인과 보증으로 보았다. 십자가 위에서의 그리스도의 희생의 공덕과 효과는 성령의 능력에 의해서 신자들에게 임재하며 실제적으로 전달된다고 볼 수 있다.

제 7 부

종말론(終末論)

그리스도의 재림
부활과 마지막 심판, 그리고 무궁세계

그리스도의 재림

신약은 그리스도의 초림이 있은 후 재림이 있을 것이라고 분명히 가르치고 있다. 예수님께서 그의 다시 오심을 여러 번 말씀하셨으며(마 24:30, 25:19, 26:64; 요 14:3), 천사도 예수님의 승천 시에 그의 재림에 주의를 환기시켰으며(행 1:11), 바울 서신에서도 재림에 대하여 여러 번 언급하고 있다(빌 3:20; 살전 4:15-16; 살후 1:7, 10; 딛 2:13; 히 9:28).

1. 재림 전의 대 사건들

성경에 보면, 여러 가지 중요한 사건들이 그리스도의 재림 전에 일어난다고 했다.

(1) 이방인의 부르심

천국 복음은 그리스도에 재림 전에 온 세계에 전해져야만 한다(마 24:14; 막 13:10; 롬 11:25)고 성경은 말해준다. 이 구절들이 내포하고 있는 뜻은 전 국민이 완전히 복음화 되어 복음이야말로 국민 생활에 능력이 되며, 결신(決信)을 촉구하는 목표가 되어야 한다는 것이다.

(2) 이스라엘의 회심

고린도후서 3:15과 로마서 11:25-29은 이스라엘의 회심을 말해 주는데, 특히 로마서는 이 회심을 시간적 종말과 관련시키는 것 같다. 어떤 학자들은 이 구절들을 들어서 이스라엘 전체 또는 국가적 이스라엘이 결국은 주님에게로 돌아올 것이라고 주장한다. 그러나 로마서 11:26의 '온 이스라엘'이라는 표현은 단순히 고대 언약 백성으로부터 선택하여 낸 충족한 무리를 의미할 것이다. 이 모든 구절은 이스라엘 많은 무리가 세상 끝 날에 주님께 돌아올 것이라는 것을 의미하는 것이다.

(3) 큰 배도와 큰 재난

성경은 끝 날이 가까울수록 크게 배도(背道)하는 일이 있을 것이라고 여러 번 가르쳐 주고 있다. 세상 끝 날에 죄악이 증가할 것이며, 많은 사람의 사랑이 식어질 것이다(마 24:12; 살후 2:3; 딤후 3:1-7, 4:3-4). 하늘에 사무친 악으로 인하여, 천지가 시작된 후로 전무후무한 무서운 재난이 초래될 것이다. 그 날들을 감하지 아니했더라면, 구원을 얻을 영혼이 없었을 것이지만, 택한 자들을 위해 그 날들을 감할 것이다.

(4) 적그리스도의 출현

적그리스도의 영은 이미 사도시대에도 분명히 있었으며(요일 4:3), 많은 적그리스도들이 그들의 모습을 드러내었다(요일 2:8). 그러나 성경은 우리에게 가르치기를 끝 날에 개인이 악의 화신으로서 일어날 것이라 한다. 즉 "죄악의 사람"이요, "그는 대적하는 자라 신이라고 불리는 모든 것과 숭배함을 받는 것에 대항하여 그 위에 자기를 높이고 하나님의 성전에 앉아 자기를 하나님이라고 내세우느니라"(살후 2:4) 하였다.

(5) 표적과 기사

성경은 이상한 표적을 세상 끝 날이 시작되는 징조로서 말해 주고 있다. 전쟁, 기근, 지진이 각처에 있을 것이니 이것이 재난의 시작이며, 이 재난은 우주의 재생 전에 일어날 것이다. 그러므로 하늘에 무서운 징조가 나타날 것이며, 그 때에 하늘의 권세가 흔들릴 것이다(마 24:29- 30; 막 13:24-25; 눅 21:25-26).

 **성경과 더불어 복습**

1. 다음 성구는 예수 그리스도의 재림에 대하여 누가 각각 이야기하고 있는가?

① 마 24:30; 요 14:1-3

② 행 1:11

③ 빌 3:20; 살전 4:15-16

2. 그리스도가 다시 오실 때, 어떠한 일들이 먼저 징조로 보인다고 성경은 말하고 있는가?

① 마 24:14; 롬 11:25-26

② 고후 3:15 ↔ 롬 11:25-29

③ 마 25:9-13; 눅 21:9-13

④ 살후 2:8-9; 요일 2:18, 22

⑤ 마 24:29-30; 눅 21:25-26

2. 재림의 실재

(1) 재림의 시기

어떤 학자는 그리스도의 재림이 임박했다고 믿는다. 즉 어느 때든지 방금 그 일이 일어날 것으로 믿는다. 그러나 성경은 앞서 말한 사건들과 징조들이 재림 전에 앞서 일어난다고 가르쳐 준다. 하나님 편에서 볼 때, 재림은 언제나 가까운 것이다(히 10:25; 약 5:9; 벧전 4:5). 그러나 그 누구도 그 확실한 때를 결정적으로 말할 수 없으며,

심지어는 천사들이나 인자라도 알 수 없다(마 24:36).

(2) 재림의 양식(樣式; 모습)

그리스도의 인격은 다시 오실 것이다(인격적 재림). 그는 이미 오순절 날에 영으로 오셨으나, 육체로 다시 오실 것이므로(형태적, 육체적 재림), 각 사람의 눈이 볼 수 있을 것이다(가견적 재림; 마 24:30, 26:64; 행 1:11; 딛 2:13; 계 1:7). 많은 징조가 재림 전에 일어나겠지만, 그의 재림은 사람들이 생각하지 않은 때 불시에 일어날 것이다(돌발적 재림). 하늘의 구름이 그의 마차가 될 것이며(마 24:30), 천사들은 그의 호위병이며(살후 1:7), 천사장들은 그의 전령관이 되며(살전 4:16), 하나님의 성도들은 그의 영광스런 수행원이 될 것이다(영광의 재림; 살전 3:13; 살후 1:10).

(3) 재림의 목적

그리스도께서는 미래의 시대, 곧 사물의 영원한 상태를 도입하실 목적으로 재림하실 것인데, 그는 두 가지 사건 즉, 부활과 최후 심판을 통해 이러한 목적을 실행하실 것이다(요 5:25-29; 행 17:31; 롬 2:3-16; 고후 5:10; 빌 3:20-21; 살전 4:13-17; 벧후 3:10-13; 계 20:11-15, 22:12).

 **성경과 더불어 복습**

1. 우리가 그리스도의 재림의 시기를 알 수 있는가? 마 24:36

2. 우리가 살아 있을 때 그리스도의 재림이 이루어진다면, 그 실체를 볼 수 있는가? 마 24:30; 행 1:11

3. 제시된 성구들을 종합하여 그리스도의 재림의 모습을 그려보자.
   살전 4:16; 마 24:30; 살후 1:7; 고전 15:23; 살전 4:17; 살후 1:10

4. 다음의 성구들은 그리스도가 재림하시는 목적을 어떻게 나타내고 있는가?
   ① 빌 3:20-21; 살전 4:13-17

   ② 요 5:25-29

5. 우리는 어떻게 주의 재림을 기다려야 하는가? 벧후 3:11-13; 살전 4:9-12

3. 천년왕국

어떤 이는 그리스도의 재림이 천년왕국 전에 또는 천년왕국 후에 될 것이라고 믿는다.

(1) 후천년설

후천년설은 그리스도의 재림이 천년왕국 후에 될 것이라고 가르쳐 준다. 천년왕국은 우리가 지금 살고 있는 복음시대라고 생각되는데, 이 시기 끝에 그리스도께서 나타나실 것이라 한다. 복음은 세상 끝 날에 현재보다 훨씬 효과적이 될 것이며, 의와 평화의 시대와 풍요한 영적 축복의 시대로 인도하여 드릴 것을 예기한다. 현재에도 어떤 학자는 천년왕국이 진화의 완전한 자연적 과정의 거대한 결과가 될 것을 기대한다. 그러나 이 모든 개념은 세상 끝 날에 배도하는 일이 있을 것이라고 말하는 성경의 가르침에 부합하지 않는 것 같다.

(2) 전천년설

전천년설에 의하면, 그리스도께서 재림하실 지상 위에 다윗의 왕국을 재건하시고 천 년 동안 예루살렘을 통치하실 것이라 한다. 이 이론은 선지서들과 요한계시록 20:1-6의 여자(如字)적 해석에 근거한 것이라고 볼 수 있다. 전천년설은 하나님 나라를 지상적 왕국과 국가적 왕국으로 만드는 반면에, 신약은 하나님 나라를 현재에도 존재하는 영적, 우주적 왕국으로 표현하고 있다(마 11:12, 12:18; 눅 17:21; 요 18:36-37; 골 1:13). 신약은 그리스도의 그와 같은 지상적이고 일시적인 왕국에 대해 말한 일이 없지만, 그의 하늘(딤후 4:18)의 영원한 왕국(벧후 1:11)에 대하여만 말해 주고 있다. 뿐만 아니라, 이 이론은 요한계시록 20:1-6에 근거한 것인데, 이 구절은 하늘의 한 장면을 나타내 주며, 유대와 지상적 국가적 왕국이나 장차 예수께서 다스릴 곳인 팔레스틴에 대해 언급한 일이 없다.

부활과 마지막 심판, 그리고 무궁세계

1. 부활

성경은 그리스도께서 재림하실 때, 죽은 자가 부활할 것이라고 가르쳐 준다. 구약은 이에 대하여 분명히 말해 주고 있다(사 26:19; 단 12:2). 신약은 이에 대해 충분한 증명을 제공해 준다(요 5:25-29, 6:39-40, 44, 11:24-25; 고전 15장; 살전 4:13-17; 계 20:13).

(1) 부활의 성질

성경은 우리에게 그리스도의 부활과 같은 육체적 부활을 기대하라고 말씀해 준다. 그리스도 안에서의 구속은 육체도 포함될 것이다(롬 8:23; 고전 6:13-20). 그러한 부활은 고린도전서 15장과 로마서 8:11에서 분명히 가르쳐 주고 있다. 부활은 의로운 자나 악한 자들 모두를 포함한 것이다. 그러나 그것은 다만 의로운 자만을 위한 구원과 영화(榮化)의 행위가 될 것이다.

(2) 부활의 시기

성경에 의하면, 일반적 부활은 그리스도의 재림이나 세상 끝 날과 일치할 것이며, 최후심판 바로 직전에 있을 것이다(요 5:27-29,

6:39-40, 44, 54, 11:24; 고전 15:23; 빌 3:20-21; 계 20:11-15).

전천년설 주장자들은 이중적 부활을 주장하는데, 그 중 하나는 그리스도의 재림시의 의로운 자의 부활이요, 다른 하나는 천년 후 세상 끝 날의 불의한 자의 부활이라고 가르쳐 준다. 그러나 성경은 의인과 악인 모두의 부활이 한순간에 일어나는 것으로 가르쳐 준다 (단 12:2; 요 5:28-29; 행 24:15). 성경은 악한 자의 심판을 그리스도의 재림과 관련시켜 말해 주며(살후 1:7-10), 의로운 자의 부활이 마지막 날에 일어날 것이라고 말해 준다(요 6:39-40, 44, 54, 11:24).

 **성경과 더불어 복습**

1. 그리스도 재림시 죽은 자의 부활에 대하여 구약에서도 충분히 예언되고 있는가 사 26:19; 단 12:1-2

2. 신약에서 그리스도는 부활의 능력을 보이신 적이 있는가?
   요 11:17, 43-44

3. 우리의 구원은 영만인가, 육체도 포함하는가? 롬 8:11, 23 ↔ 고전 15장

4. 부활의 시기는 언제가 될 것인가? 요 5:27-29, 6:39-40; 고전 15:23

___

5. 의인과 악인의 부활은 각기 어떠한가? 요 5:28-29

___

2. 최후 심판

> 부활의 교리는 최후심판 교리와 바로 연결된다. 성경은 궁극적 심판이 집행될 것을 분명히 언급하고 있다(시 96:13, 98:9; 전 3:17, 12:14; 마 25:31-46; 롬 2:5-10; 고후 5:10; 딤후 4:1; 벧전 4:5; 계 20:11-14).
>
> ### (1) 심판주와 그 보조자들(심판의 주체)
> 중보자 되신 그리스도께서는 심판주가 될 것이다(마 25:31-32; 요 5:27; 행 10:42, 17:31; 빌 2:10; 딤전 4:1). 이러한 명예는 그의 구속사업에 대한 보상으로 그리스도에게 주어진 것이다. 천사들은 그를 보조할 것이며(마 13:41-42, 24:31, 25:31), 성도들도 그의 심판사역에 다소나마 참여할 것이다(고전 6:2-3; 계 20:4).
>
> ### (2) 심판 받을 무리들(심판의 대상)
> 인류 개개인이 심판대 앞에 서야 한다는 사실은 성경에 분명히 나타나 있다(전 12:14; 마 12:36-37, 25:32; 롬 14:10; 고후 5:10; 계 20:12). 어떤 학자는 말하기를 의로운 자는 심판에서 제외된다고 한다. 그러나 이것은 마태복음 13:30, 40-43, 49, 25:31-36; 고린도후서 5:10

에 어긋난다. 마귀도 분명히 심판을 받게 될 것이다(마 8:29; 고전 6:3; 벧후 2:4; 유 6).

(3) 심판의 시기

최후 심판은 자연히 세상 끝 날에 될 것이며, 죽은 자의 부활 후에 즉시 이루어질 것이다(요 5:28-29; 계 20:12-13). 심판의 기간은 결정될 수 없는 것이다. 성경은 심판 날이라고 말하고 있지만, 이것은 필연적으로 24 시간의 하루라는 것을 의미하는 것은 아니다. 또한 이것은 천년이 하루와 같다는 하루를 의미한다고 주장하는 전천년설자들의 주장도 근거가 없는 것이다.

(4) 심판하는 표준

성도들과 죄인들이 심판받게 될 표준은 분명히 하나님의 계시된 의지(意志)일 것이다. 이방인들은 자연법을 따라 심판받을 것이니, 즉 유대인들은 구약계시에 의해 심판을 받을 것이요, 복음의 충만한 계시를 안 자들은 복음으로 심판을 받을 것이다(롬 2:12). 하나님은 인간 각자에게 합당한 것을 베푸실 것이다.

 성경과 더불어 복습

1. 심판 주는 누가 될 것이며, 그 권세는 누가 보상한 것인가?
    마 25:31-32 ↔ 빌 2:8-10

2. 심판에서 제외될 자도 있는가? 마 12:36-37 ↔ 마 13:40-43; 고후 5:10

3. 심판은 어떠한 때에 이루어지는가? 요 5:28-29; 계 20:12-13

4. 심판의 표준은 어떠한가? 롬 2:12-16, 3:26-28

5. 복음의 심판에 의하여 성도들이 기쁨을 갖는 이유는 무엇인가?
   롬 8:1 ↔ 요 5:24

6. 다음의 성구들은 신자의 부활의 모습을 어떻게 말하고 있는가?
   ① 고전 15:35-38

   ② 눅 24:39 ↔ 빌 3:21

   ③ 고전 15:42

④ 고전 15:43a

⑤ 고전 15:43b

⑥ 고전 15:47-49

⑦ 단 12:3; 마 13:43

⑧ 마 22:30; 눅 20:35-36

⑨ 고전 15:41-42

3. 최후 상태

(1) 악인의 최후상태

악인은 지옥이라 불리는 형벌의 장소로 보내진다. 어떤 학자는 지옥이 하나의 장소임을 부인하고 다만 하나의 상태로 간주하지만, 성경은 분명히 장소적인 용어를 사용한다. 예를 들면, 성경은 "풀무의 불"(마 13:42), "불 못"(계 20:14-15), "옥"(벧전 3:19)으로 표현하는데, 이 용어 모두가 장소적인 용어이다.

이런 곳에서 그들은 완전히 신적 은총을 빼앗길 것이며, 생활의 끊임없는 불안을 경험할 것이며, 영육 간에 적극적인 고통을 당할 것이며, 양심의 번뇌와 실망에 빠지게 될 것이다(마 8:12-13; 막 9:47-48; 눅 16:23, 28; 계 14:10, 21:8). 그들의 형벌은 등급이 있을 것이다(마 11:22, 24; 눅 12:47-48, 20:47). 그들이 당하는 형벌은 영원할 것이 분명하다.

(2) 의인의 최후상태

신자의 최후 상태는 현세가 지나가고, 새 창조가 이룩되기 전에 이루어질 것이다. 이 미래의 창조는 전적으로 새 창조가 아니라, 오히려 그것은 현 우주의 갱신인 것이다(시 102:26-27; 히 12:26-28). 천국은 성도들이 영원히 거할 처소가 될 것이다. 어떤 학자는 천국을 단순히 하나의 상태라고 생각할지 모르나, 성경은 분명히 천국을 하나의 장소로 언급하고 있다(요 14:2; 마 22:12-13, 25:10-12). 의로운 자는 천국을 기업으로 얻을 뿐 아니라, 완전한 새 창조를 상속할 것이다(마 5:5; 계 21:1-3).

의인의 보상은 영생이니 즉 끝없는 생명일 뿐 아니라, 현재의 불완전이나 불안이 없으며, 모든 면에서 완전한 생(生)인 것이다. 이러한 생명의 충만은 하나님과의 교제를 통해서 이루어지는데, 이것이

> 바로 영생의 본질인 것이다(계 21:3). 모든 사람이 완전한 복락을 누릴 것이지만, 이 천국의 복락(福樂)에도 등급이 있는 것이다(단 12:3; 고후 9:6).

 성경과 더불어 **복습**

1. 지옥은 장소인가, 어떤 상태인가? 다음의 성구들은 어떻게 말해주고 있는가? 마 13:42; 벧전 3:19; 계 20:14-15

2. 다음의 성구들은 지옥에 들어간 자들이 받는 고통을 어떻게 말하고 있는가? 마 8:12; 막 9:47-48; 눅 16:23-24, 28; 계 14:10, 21:8

3. 악인이 받는 형벌에 등급이 있는가? 마 11:22, 24; 눅 12:47-48

4. 지옥의 형벌에 시간적 끝이 있는가? 마 25:41; 막 9:43, 48

5. 천국은 그 어떤 상태인가, 실재의 장소인가? 요 14:2-3 ↔ 마 25:10-12

6. 성도가 천국에 언제 들어가게 되는가? 살전 4:16-17 ↔ 요 14:3

7. 성도가 그리스도와 함께 영생할 도성을 성경은 어떻게 말하고 있는가?
① 히 11:16, 10, 13:14

② 계 21:23, 25

③ 계 21:27

④ 계 22:1-2

⑤ 계 21:3-4

8. 신자들의 이 땅에서의 수고와 충성에 대한 상급은 어떻게 보상되는가?
   고후 9:6; 갈 6:9 ↔ 고전 3:11-15

   _____

9. 다음의 면류관들은 어떠한 신자들을 위하여 예비되어 있는가?
   ① **생명의 면류관** 약 1:12; 계 2:10

   _____

   ② **의의 면류관** 딤후 4:7-8

   _____

   ③ **영광의 면류관** 벧전 5:1-4

   _____

10. 하나님 나라는 누구를 위하여 언제 예비되었는가? 마 25:34

    _____

부록

웨스트민스터 소요리문답
(서론 및 전문)

A B C 기독교 교리교재

I. 교리공부의 7가지 영역

서론 : 성경론으로 교리의 기초가 된다.
신론 : 만유의 근본은 삼위일체 하나님이시다.
인간론 : 인간의 죄악 됨을 논한다.
기독론 : 죄인의 구원자 그리스도를 말한다.
구원론 : 죄인 구원의 원리를 논한다.
교회론 : 구원받은 자들의 모임이다.
내세론 : 구원의 완성을 논한다.

II. 소요리문답서에 대하여

교리문답서에는 어른들이 배우는 대(大)요리문답서와 어린이들이 배우는 소(小)요리문답서가 있다. '웨스트민스터'는 지역의 이름이다. 웨스트민스터 신앙고백서는 1643~1647년 웨스트민스터에 있는 웨스트민스터 대성당에서 종교회의가 열렸을 때 당시 영국교회의 개혁을 주장하며 바른 교회와 바른 신앙을 세우기 위해서 '신앙고백서'를 작성함으로 만들어졌다.

이 신앙고백서는 기독교 신앙의 전체를 다루며 '기독교 신앙'이 무엇인가를 정의하는 문서라고 할 수 있다. 이 신앙고백서는 총 33개 장으로 구성되어 있으며, 신앙이 무엇인가에 대해 모든 것들을 질문하고 답하는 형식으로 구성되었다. 그러니까 웨스트민스터 신앙고백은 일종의 교리서다.

영국의 리차드 백스터 목사는 [소요리문답]을 가리켜서 "가장 좋은 교리문답이며, 기독교 신앙과 교리에 대한 가장 훌륭한 요약이다."라고 했다.

개신교에는 중요한 세 개의 교리문답이 있다. 루터의 요리문답, 하이델베르크(Heidelberg) 요리문답, 그리고 웨스트민스터 소요리문답이다. 루터의 요리문답은 1529년에 만들어졌고, 하이델베르크 요리문답은 1563년에 작성되었으나, 웨스트민스터 대소요리문답은 1647년에 작성되었다.

웨스트민스터 소요리문답은 웨스트민스터 신앙고백과 아울러 칼빈주의 교리의 가장 완숙한 표현이며, 개혁주의 신학의 집대성이라고 할 수 있다. 소요리문답은 말을 가장 간결하게, 또한 요긴하고 아름답게 만든, 영어로 된 영향력 있는 교리의 표준서다. 이것은 자녀들의 신앙고백을 위해서 만들어진 것으로서 젊은 사람들의 성경 연구와 신학 연구에 도움을 주는 귀한 교과서이다.

소요리문답은 107개의 질문과 거기에 따른 답이 있어 교리의 요점을 잘 이해할 수 있다. 소요리문답은 단순히 진부하고 메마른 교리책이 아니라 영적인 기도의 산물이다. 일례로 제4문 "하나님이 어떤 분이신가?"란 질문은 위원 중 한 사람인 길레스피(Gillespie)의 기도 중에 사용한 용어를 채택하여 만들었다.

외국의 신앙고백적인 교회에서는 그들의 자녀를 완전히 신자로 만드는 일에 전력을 기울인다. 이를 위해서 그 교회들은 교리공부를 강조한다. 개혁파교회에서는 교회 교육을 위하여 주일마다 하이델베르크 요리문답 공부를 한다. 그리고 미국의 침례교회에서도 주일 저녁에 교리훈련을 하기도 한다.

현대교회에 있어서 교리 교육은 대단히 중요하다. 그것은 종교 다원주의와 포스트모던 사상 때문에 발생한 신앙의 무정부 상태(자기의 소견대로, 생각대로), 외적 성장에만 집착한 나머지 말씀의 올바른 가르침 및 신앙과 경건의 훈련 등 질적인 성숙에 있어서 상대적으로 소홀함. 따라서 성도들의 신앙이 바로 세워지지 못해 각종 이단의 침입에게 무방비한 상황에 노출되고 있는 위험 등 교리 교육의 필요성은 절대적이라 할 수 있을 것이다.

III. 웨스트민스터 소요리문답의 내용 구성

제1부. 신앙의 내용 – 교리(1~38 문답)

1. 서론 : 인간의 목적 / 1 문답

2. 신앙에 대하여 / 2~38 문답
    (1) 성경에 대하여(2~3) → [성경론]
    (2) 하나님의 속성과 삼위일체, 그리고 사역(4~11) → [신론]
    (3) 인간의 죄와 타락(12~20) → [인간론]
    (4) 예수 그리스도(21~28) → [기독론]
    (5) 구원에 대하여(29~36) → [구원론]
    (6) 종말에 대하여(37~38) → [종말론]

제2부. 신앙의 의무 – 실천 (39~107 문답)

3. 믿음의 행위에 대하여 / 39~107 문답
    (1) 십계명(39~81)
    (2) 신앙과 회개(82~87)
    (3) 은혜의 방편(88)
    (4) 하나님의 말씀(89~90)
    (5) 성례 : 세례와 성찬(91~97)
    (6) 주기도문(98~107)

4. 개혁주의 장로교 신앙의 기초

(1) 고대 공교회 신조
　　사도신조(신경): (2세기 중엽)
　　니케아 신조(325년)
　　콘스탄티노플 신조(381년)
　　아타나시우스 신조(420~450년경)
　　칼케톤 신조(451년)

(2) 개혁주의 및 장로교 신앙고백서
　　제1바젤 신앙고백서(1534)
　　제1스위스 신앙고백서(1536)
　　프랑스 갈리칸 신앙고백서(1559)
　　스코틀랜드 신앙고백서(1560)
　　벨직 신앙고백서(1561)
　　하이델베르그 요리문답서(1563)
　　제2스위스 신앙고백서(1566)
　　도르트 신경(1618)
　　웨스트민스터 신앙고백서(1647~1648)

• 이러한 신앙고백서들은 모두 사도적 정통신앙과 종교개혁의 유산, 특별히 개혁주의 신앙 전통을 규정하는 매우 귀중한 교회의 유산이기는 하지만 그것이 작성된 시대적, 문화적, 신학적 정황이 조금씩 다르기 때문에 서로 상호보완적으로 연구하고 공부해야 할 필요가 있다.

[제1부] 1~38문

문1. 사람의 제일 되는 목적이 무엇인가?
답▶ 사람의 제일 되는 목적은 하나님을 영화롭게 하는 것과 영원토록 그를 즐거워 하는 것이다. (고전 10:31; 롬 11:36; 시 73:24-26; 요 17:22-24)

문2. 하나님께서 무슨 규칙을 우리에게 주시어 어떻게 자기를 영화롭게 하고 즐거워 할 것을 지시하셨는가?
답▶ 신구약 성경에 기재된 하나님의 말씀은 어떻게 우리가 그를 영화롭게 하고 즐거워할 것을 지시하는 유일한 규칙이다. (갈 1:8-9; 사 8:20; 눅 16:29-31, 24:27, 44; 요 15:11; 딤후 3:15-17; 벧후 3:2, 15, 16)

문3. 성경이 제일 요긴하게 교훈하는 것이 무엇인가?
답▶ 성경이 제일 요긴하게 교훈하는 것은 사람이 하나님에 대하여 어떻게 믿을 것과 하나님께서 사람에게 요구하시는 본분이다. (미 6:8; 요 5:39, 20:31, 3:16; 고전 10:11; 롬 15:4; 요일 1:3-4)

문4. 하나님은 어떤 분이신가?
답▶ 하나님은 신이신데 그의 존재하심과 지혜와 권능과 거룩하심과 공의와 인자하심과 진실하심이 무한하시며, 무궁하시며, 불변하시다. (요 4:24; 시 90:2; 말 3:6; 약 1:17; 왕상 8:27; 렘 23:24; 사 40:22; 시 147:5; 롬 16:27; 창 17:1; 계 19:6; 사 57:15; 요 17:11; 계 4:8; 신 32:4; 시 100:5; 롬 2:4; 출 34:6; 시 117:2; 출 3:14; 시 145:3)

문5. 하나님 한 분밖에 또 다른 하나님이 계신가?
답▶ 한 분뿐이시니 참되시며 살아계신 하나님이시다. (신 6:4; 렘 10:10; 요 17:3; 고전 8:4)

문6. 하나님의 신격에 몇 위(位)가 계신가?
답▶ 하나님의 신격에 삼위가 계시니 성부와 성자와 성령이신데, 이 삼위는 한 하나님이시다. 본체는 하나요 권능과 영광은 동등이시다. (고후 13:13; 마 3:16-17, 28:19; 고후 8:14; 요 1:1, 4:18; 행 5:3-4; 히 1:3)

문7. 하나님의 예정이 무엇인가?
답▶ 하나님의 예정은 그 뜻대로 하신 영원한 경륜이신데, 이로 말미암아 자기의 영광을 위하여 모든 되어가는 일을 미리 작정하신 것이다. (엡 1:11; 행 4:27-28; 시 33:11; 엡 2:10; 롬 9:22-23, 11:33; 행 2:23)

문8. 하나님께서 그 예정을 어떻게 이루시는가?
답▶ 하나님께서 그 예정을 이루시는 것은 창조와 섭리하시는 일로 하신다. (계 4:11; 엡 1:11; 단 4:35; 사 40:26)

문9. 창조하신 일이 무엇인가?
답▶ 창조하신 일은 하나님께서 엿새 동안에 아무 것도 없는 중에서 그 권능의 말씀으로써 만물을 지으신 일인데 다 매우 좋았다. (히 11:3; 계 4:11; 창 1:1, 31; 시 33:9)

문10. 하나님께서 사람을 어떻게 지으셨는가?
답▶ 하나님께서 사람을 남녀로 지으시되 자기의 형상대로 지식과 공의와 거룩함이 있게 지으사 모든 생물을 주관하게 하셨다. (창 1:27; 골 3:10; 엡 4:24; 창 1:28)

문11. 하나님의 섭리하시는 일이 무엇인가?
답▶ 하나님의 섭리하시는 일은 지극히 거룩함과 지혜와 권능으로써 모든 창조물과 그 모든 행동을 보존하시며 치리하시는 일이다. (시 145:17; 시 104:24; 히 1:3; 시 103:19; 마 10:29-30; 느 9:6)

문12. 사람이 창조함을 받은 본 지위에 있을 때에 하나님께서 저를 향하여 섭리하시는 중에 무슨 특별한 작정을 하셨는가?
답▶ 하나님께서 사람을 창조하신 후에 완전히 순복하는 것을 조건으로 삼아 생명의 언약을 맺고 선악을 분별하는 나무의 열매를 먹는 것은 사망의 벌로써 금하셨다. (창 2:16-17; 롬 5:12-14, 10:5; 눅 12:25-28; 갈 3:12)

문13. 우리 시조가 창조함을 받은 본 지위에 그대로 있었는가?
답▶ 우리 시조가 임의대로 자유함을 인하여 하나님께 죄를 범하므로 창조함을 받은 본 지위에서 타락하였다. (창 3:6-8; 고후 11:3; 롬 5:12)

문14. 죄가 무엇인가?
답▶ 죄는 하나님의 법을 순종함에 부족한 것이나 혹 어기는 것이다. (요일 3:4; 약 4:17; 롬 3:23, 4:5; 약 2:10)

문15. 우리 시조가 창조함을 받은 본 지위에서 타락하게 된 죄가 무엇인가?
답▶ 우리 시조가 창조함을 받은 본 지위에서 타락하게 된 죄는 그 금하신 열매를 먹은 것이다. (문13 참조, 창 3:6, 12-13)

문16. 모든 인종은 아담의 첫 범죄 중에 타락하였는가?

답▶ 아담으로 더불어 언약을 세운 것은 저만 위하여 하신 것이 아니요, 그 후 자손까지 위하여 하신 것이므로 그로부터 보통 생육법으로 출생하는 인종은 모두 그의 안에 있어서 그의 첫 범죄에 참여하여 그와 함께 타락하였다. (행 17:26; 문12 참조, 창 1:18, 2:17; 고전 15:21-22)

문17. 이 타락이 인종으로 하여금 어떠한 지위에 이르게 하였는가?
답▶ 이 타락은 인종으로 하여금 죄와 비참한 처지에 이르게 하였다. (롬 5:12; 갈 3:10)

문18. 사람이 타락한 지위에서 죄 되는 것이 무엇인가?
답▶ 사람이 타락한 지위에서 죄 되는 것은 아담의 첫 범죄에 유죄한 것과 근본 의가 없는 것과 온 성품이 부패한 것인데 이것은 보통으로 원죄라 하는 것이요, 아울러 원죄로 말미암아 나오는 모든 죄다. (롬 5:12, 18-19; 고전 15:22; 롬 5:6; 엡 2:1-3; 롬 8:7-8; 창 6:5; 약 1:14-15; 마 15:19)

문19. 사람이 타락한 지위에서 비참한 것이 무엇인가?
답▶ 모든 인종이 타락함을 인하여 하나님과 교제가 끊어지고 또 그의 진노와 저주 아래 있어서 생전에 모든 비참함과 사망과 영원한 지옥의 벌을 받게 되었다. (창 3:8, 24; 엡 2:3; 롬 5:14, 6:23; 막 9:47-48)

문20. 하나님께서 모든 인종을 죄와 비참한 지위에서 멸망하게 버려두셨는가?
답▶ 하나님께서 홀로 그 선하신 뜻대로 영원부터 구속받을 자들을 영생 얻게 하시려고 선택하시고 은혜의 언약을 세우셔서 구속자로 말미암아 저희를 죄와 비참한 지위에서 건져내시고 구원의 자리에 이르게 하려 하셨다. (엡 1:4-7; 딛 1:2, 3:4-7; 갈 3:21; 롬 3:20-22; 요 17:6)

문21. 하나님의 선택하신 자의 구속자가 누구신가?
답▶ 하나님의 선택하신 자의 구속자는 다만 주 예수 그리스도뿐이신데, 그는 하나님의 영원한 아들로서 사람이 되셨으니 그 후로 한 위에 특수한 두 가지 성품이 있어 영원토록 하나님이시요 사람이시다. (딤전 2:5; 요 1:1, 14, 10:30; 갈 4:4; 빌 2:5-11; 롬 9:5; 골 2:9; 히 13:8)

문22. 그리스도께서 하나님의 아들로서 어떻게 사람이 되셨는가?
답▶ 하나님의 아들 그리스도께서 사람이 되신 것은 참 몸과 지각 있는 영혼을 취하사 성령의 권능으로 동정녀 마리아에게 잉태되어 탄생하셨으나 죄는 없으시다. (요 1:14; 히 2:14; 마 26:38; 눅 1:31-42; 갈 4:4; 히 4:15, 7:26; 눅 2:5)

문23. 그리스도께서 우리의 구속자로 무슨 직분을 행하시는가?
답▶ 그리스도께서 우리의 구속자로 선지자와 제사장과 왕의 직분을 행하시되 낮아지시고 높아지신 두 지위에서 하신다. (요 15:15, 20:31; 벧후 1:21; 요 14:26, 1:1, 4, 18, 16:13; 히 1:1-2)

문24. 그리스도께서 어떻게 선지자의 직분을 행하시는가?
답▶ 그리스도께서 선지자의 직분을 행하시는 것은 우리를 구원하시고자 하는 하나님의 뜻을 그 말씀과 성령으로 말미암아 우리에게 나타내시는 것이다. (요 15:15, 20:31; 벧후 1:21; 요 14:26, 1:1, 4, 18, 16:13; 히 1:1-2)

문25. 그리스도께서 어떻게 제사장의 직분을 행하시는가?
답▶ 그리스도께서 제사장의 직분을 행하시는 것은 단번에 자기를 제물로 드려 하나님의 공의에 만족하게 하며 우리를 하나님으로 더불어 화목하게 하시고 또 우리를 위하여 항상 간구하시는 것이다. (히 7:25, 9:14; 롬 3:26, 10:4; 히 2:17)

문26. 그리스도께서 어떻게 왕의 직분을 행하시는가?
답▶ 그리스도께서 왕의 직분을 행하시는 것은 우리로 하여금 자기에게 복종하게 하시고 우리를 다스리시며 보호하시고 자기와 우리의 모든 원수를 막아 이기시는 것이다. (시 110:3; 사 33:22; 고전 15:25; 행 12:17, 18:9-10, 2:36)

문27. 그리스도의 낮아지심이 어떠한가?
답▶ 그리스도의 낮아지심은 곧 그의 강생하심인데 또한 비천한 지위에 나셔서 율법 아래 복종하시고 금생에 여러 가지 비참함과 하나님의 진노하심과 십자가에서 저주의 죽음을 받으시고 묻히셔서 얼마 동안 죽음의 권세 아래 거하신 것이다. (눅 2:7; 빌 2:6-8; 고후 8:9; 갈 4:4; 사 53:3; 마 27:46; 눅 22:41-44; 갈 3:13; 고전 15:3-4)

문28. 그리스도의 높아지심이 어떠한가?
답▶ 그리스도의 높아지심은 사흘 만에 죽은 가운데서 다시 살아나신 것과 하늘로 올라가신 것과 하나님 아버지의 우편에 앉아 계신 것과 마지막 날에 세상을 심판하러 오시는 것이다. (고전 15:3-4; 행 1:9; 엡 1:19-20; 행 1:11, 17:31)

문29. 우리로 어떻게 그리스도의 사신 구속에 참여하게 하시는가?
답▶ 우리로 그리스도의 사신 구속에 참여하게 하시는 것은 그의 성령께서 우리에게 구속을 효력 있게 적용하심을 인함이다. (요 1:12-13, 3:5-6; 딛 3:5-6)

문30. 성령께서 그리스도의 사신 구속을 우리에게 어떻게 적용하셨는가?

답▶ 성령께서 그리스도의 사신 구속을 우리에게 적용하시는 것은 우리 안에 믿음을 일으키시고 또 효력 있는 부르심으로써 우리를 그리스도와 연합하게 하시는 것이다. (엡 2:8; 요 15:26; 고전 6:17, 고전 1:9; 벧전 5:10; 엡 4:15-16; 갈 2:20)

문31. 효력 있는 부르심이 무엇인가?
답▶ 효력 있는 부르심은 하나님의 영이 하시는 일이니 우리의 죄와 비참을 깨닫게 하시고 또 우리의 마음을 밝혀 그리스도를 알게 하시고 우리의 의지를 새롭게 하시고 우리를 권하사 능히 복음 중에 값없이 주시는 예수 그리스도를 믿도록 하시는 것이다. (딤후 1:8-9; 엡 1:18-20; 행 2:37, 26:28; 겔 11:19, 36:26-27; 요 6:44-45; 엡 2:5; 살후 2:13; 빌 2:13)

문32. 효력 있는 부르심을 받은 자들은 금생에서 무슨 유익을 얻는가?
답▶ 효력 있는 부르심을 받은 자들은 금생에서 의롭다 하심과 양자로 삼는 것과 거룩하게 하심을 얻고 또 금생에서 이와 함께 받는 여러 가지 유익과 여기서 나오는 여러 가지 유익을 받는다. (롬 8:30; 엡 1:5; 고전 1:30)

문33. 의롭다 하심은 무엇인가?
답▶ 의롭다 하심은 하나님의 값없는 은혜로 정하신 것인데 저가 우리의 모든 죄를 사유하시고 그 앞에서 우리를 옳게 여겨 받으시는 것이니 이는 다만 그리스도의 의를 우리에게 돌려주심인데 우리는 오직 믿음만으로 받는 것이다. (엡 1:7; 고후 5:19-21; 롬 4:5, 3:22, 24, 25, 5:17-19, 4:6-8, 5:1; 행 10:43; 갈 2:16)

문34. 양자로 삼는 것이 무엇인가?
답▶ 양자로 삼는 것은 하나님의 값없는 은혜로 정하신 것인데 이로써 우리를 하나님의 자녀의 수효 중에 들게 하시고 그 모든 특권을 누리게 하시는 것이다. (요일 3:1-2; 요 1:12; 롬 8:17)

문35. 거룩하게 하신 것이 무엇인가?
답▶ 거룩하게 하신 것은 하나님의 값없는 은혜의 역사이신데 이로써 우리가 하나님의 형상을 따라 온 사람이 새로워짐을 얻고 점점 죄에 대하여서는 능히 죽고, 의에 대하여서는 능히 살게 되는 것이다. (살후 2:13; 엡 4:23-24; 롬 6:4, 6, 14, 8:4; 벧전 1:2)

문36. 금생에서 의롭다 하심과 양자로 삼으신 것과 거룩하게 하심에서 함께 받는 유익과 여기서 나오는 유익이 무엇인가?
답▶ 금생에서 의롭다 하심과 양자로 삼으신 것과 거룩하게 하심에서 함께 받는 유익과 여기서 나오는 유익은 하나님의 사랑을 확실히 아는 것과 양심의 화평한 것과 성령 안에서 얻는 쾌락과 은혜의 증가함과 끝까지 굳게 참는 것이다. (롬 5:1, 2, 5, 14:17; 골 1:10-11; 잠 4:18; 엡 3:16-18; 벧후 3:18; 렘 32:40; 요일 2:19-27; 계 14:12; 벧전 1:5; 요일 5:13; 요 1:16; 빌 1:6; 벧전 1:5)

문37. 신자가 죽을 때에 그리스도에게서 무슨 유익을 받는가?
답▶ 신자가 죽을 때에 그 영혼이 완전히 거룩하게 되어 즉시 영광 중에 들어가고 그 몸은 여전히 그리스도께 연합하여 부활할 때까지 무덤에서 쉰다. (눅 23:43, 16:23; 빌 1:23; 고후 5:6-8; 살전 4:14; 롬 8:23; 살전 4:14; 계 14:13, 19:8; 행 7:55-59; 요 5:28)

문38. 신자가 부활할 때에는 그리스도에게서 무슨 유익을 받는가?
답▶ 신자가 부활할 때에는 영광 중에 다시 살아남을 입어 심판 날에 밝히 안다 하심과 죄 없다 하심을 받고 완전히 복을 받아 영원토록 하나님을 흡족하게 즐거워하는 것이다. (고전 15:42-43; 마 25:33-34, 10:32; 살전 4:17; 시 16:11; 고전 2:9)

[제2부] 39~107문

문39. 하나님께서 사람에게 요구하시는 본분이 무엇인가?
답▶ 하나님께서 사람에게 요구하시는 본분은 그 나타내 보이신 뜻을 복종하는 것이다. (신 29:29; 미 6:8; 삼상 15:22; 눅 10:28)

문40. 하나님께서 자기에게 복종할 규칙으로 사람에게 처음 나타내 보이신 것이 무엇인가?
답▶ 하나님께서 자기에게 복종할 규칙으로 사람에게 처음 나타내 보이신 것은 도덕의 법칙이다. (롬 2:14-15, 10:5)

문41. 이 도덕의 법칙이 어디에 간략히 포함되었는가?
답▶ 이 도덕의 법칙은 십계명에 간략히 포함되었다. (마 19:17-19; 신 10:4)

문42. 십계명의 대강령이 무엇인가?
답▶ 십계명의 대강령은 우리의 마음을 다하고 성품을 다하고 뜻을 다하고 힘을 다하여 주 우리 하나님을 사랑하고 또 이웃 사랑하기를 자기 자신 같이 하라 하신 것이다. (마 22:37-40)

문43. 십계명의 서문이 무엇인가?
답▶ 십계명의 서문은 이러한 말이니 곧 나는 너희 하나님이시니 너를 종 되었던 애굽 땅에서 나오게 한 자로다 하신 것이다. (출 20:2; 신 5:6)

문44. 십계명의 서문이 우리에게 교훈하는 것이 무엇인가?
답▶ 십계명의 서문이 우리에게 교훈하는 것은 하나님께서 주도 되시고, 우리 하나님도 되시고 또 우리의 구속자도 되시는 고로 우리가 마땅히 그의 계명을 지켜야 하겠다 하는 것이다. (신 11:1; 벧전 1:17-19)

문45. 제 일 계명이 무엇인가?
답▶ 제 일 계명은 "나 외에는 다른 신들을 네게 두지 말라" 하신 것이다. (신 5:7; 출 20:3)

문46. 제 일 계명이 명하는 것은 무엇인가?
답▶ 제 일 계명이 우리에게 명하는 것은 하나님은 유일한 참 신이 되심과 우리의 하나님이 되심을 알고 승인하여 그대로 그에게 경배하며 영화롭게 하라 하는 것이다. (대상 28:9; 신 26:17; 마 4:10; 시 95:6-7, 29:2)

문47. 제 일 계명이 금하는 것은 무엇인가?
답▶ 제 일 계명이 금하는 것은 참 신을 하나님으로 알지 아니하거나 우리의 하나님으로 경배하지 않고 영화롭게도 하지 아니하는 것과 그에게만 드리기에 합당한 경배와 영화를 다른 이에게 드리는 것이다. (롬 1:20-21; 시 81:11, 14:1; 롬 1:25)

문48. 제 일 계명 중에 "나 외에는"이라 한 말씀이 우리에게 특별히 교훈하는 것이 무엇인가?
답▶ 제 일 계명 중에 '나 외에는'이라 한 말씀이 우리에게 특별히 교훈하는 것은 만물을 보시는 하나님이 아무 다른 신들을 두는 죄를 내려다보시고 분하게 여기시는 것이다. (대상 28:9; 시 44:20-21, 134:1-3; 신 30:17-18)

문49. 제 이 계명이 무엇인가?
답▶ 제 이 계명은 "우상을 만들지 말지니 위로 하늘에 있는 것이나 아래로 땅에 있는 것이나 땅 아래 물속에 있는 것의 어떤 형상도 만들지 말며 그것들에게 절하지 말며, 그것들을 섬기지 말라. 나 네 하나님 여호와는 질투하는 하나님인즉 나를 미워하는 자의 죄를 갚되, 아버지로부터 아들에게로 삼사 대까지 이르게 하거니와, 나를 사랑하고 내 계명을 지키는 자에게는 천 대까지 은혜를 베풀리라" 하신 것이다. (출 20:4-9)

문50. 제 이 계명이 명하는 것이 무엇인가?
답▶ 제 이 계명이 명하는 것은 하나님이 그 말씀 중에 정하신 종교상 모든 예배와 규례를 받아 순종하며 깨끗하고 완전하게 지키라 하는 것이다. (신 12:32, 32:46; 마 28:20)

문51. 제 이 계명이 금하는 것이 무엇인가?
답▶ 제 이 계명이 금하는 것은 우상으로 하나님을 경배하거나, 하나님의 말씀에 정하지 아니한 어떤 다른 방법으로 경배하는 것이다. (신 4:15-16, 17-19; 행 17:29; 신 12:30-32)

문52. 제 이 계명이 "지키라" 한 이유가 무엇인가?
답▶ 제 이 계명이 지키라 한 이유는 하나님이 우리의 주재가 되시며 우리의 소유자가 되시며 홀로 자기에게만 경배하는 것을 바라시는 것이다. (시 95:2-3, 45:11; 출 34:14; 시 100:3; 고전 10:22)

문53. 제 삼 계명이 무엇인가?
답▶ 제 삼 계명은 "네 하나님 여호와의 이름을 망령되게 부르지 말라 여호와는 그의 이름을 망령되게 부르는 자를 죄 없다 하지 아니하리라" 하신 것이다. (출 20:7)

문54. 제 삼 계명이 명하는 것은 무엇인가?
답▶ 제 삼 계명이 명하는 것은 하나님의 이름과 칭호와 속성과 규례와 말씀과 행사를 거룩하고 존경하는 마음으로 사용하라 하는 것이다. (시 29:2; 마 6:9; 계 15:3-4; 말 1:14; 시 138:2, 107:21-22; 전 5:1; 시 104:24)

문55. 제 삼 계명이 금하는 것은 무엇인가?
답▶ 제 삼 계명이 금하는 것은 무엇이든지 하나님이 자기를 나타내신 것을 비방하거나 악용하는 것이다. (말 2:2; 사 55:12; 레 19:12; 마 5:34-35)

문56. 제 삼 계명이 "지키라" 한 이유가 무엇인가?
답▶ 제 삼 계명이 지키라 한 이유는 이 계명을 범하는 자가 비록 사람에게는 형벌을 피할지라도 주 우리 하나님은 저희로 하여금 그 의로우신 심판을 피하지 못하게 하시는 것이다. (신 28:58-59)

문57. 제 사 계명이 무엇인가?
답▶ 제 사 계명은 "안식일을 기억하여 거룩하게 지키라 엿새 동안은 힘써 네 모든 일을 행할 것이나, 일곱째 날은 네 하나님 여호와의 안식일인즉, 너나 네 아들이나 네 딸이나, 네 남종이나 네 여종이나, 네 가축이나 네 문안에 머무는 객이라도 아무 일도 하지 말라. 이는 엿새 동안에 나 여호와가 하늘과 땅과 바다와 그 가운데 모든 것을 만들고 일곱째 날에 쉬었음이라. 그러므로 나 여호와가 안식일을 복되게 하여 그 날을 거룩하게 하였느니라" 하신 것이다. (출 20:8-11)

문58. 제 사 계명이 명하는 것은 무엇인가?

답▶ 제 사 계명이 명하는 것은 하나님의 말씀 중에 명하신 절기를 그의 앞에 거룩히 지키는 것이니 특별히 칠 일 중에 하루를 종일토록 그의 거룩하신 안식일로 삼으라 하는 것이다. (레 19:3; 신 5:12; 사 56:2-7)

문59. 하나님께서 칠 일 중에 어느 날을 안식일로 명하셨는가?
답▶ 세상 시작으로부터 그리스도의 부활하시기까지는 하나님이 이레 중에 일곱째 날을 안식일로 명하셨고, 그 후로부터 세상 끝 날에 이르기까지는 이레 중에 첫 날로 명하셨으니 곧 그리스도인의 안식일이다. (창 2:3; 눅 23:56; 행 20:7; 고전 16:2; 요 12:19-26; 출 16:23)

문60. 어떻게 하여야 안식일을 거룩하게 하겠는가?
답▶ 안식일을 거룩하게 하는 것은 그날 종일을 거룩하게 쉼으로 할 것이니 다른 날에 합당한 여러 가지 세상일과 오락까지 그치고 그 시간을 공사간의 예배에 바쳐 사용할 것이요, 그 외에는 사세 부득이한 일과 자선 사업에 사용할 수 있다. (레 23:2; 출 16:25-29; 렘 17:21-22; 눅 4:16; 사 58:3; 행 20:7; 마 12:11; 막 2:27)

문61. 제 사 계명이 금하는 것은 무엇인가?
답▶ 제 사 계명이 금하는 것은 그 명한 바 의무를 이행하지 아니하거나 혹 주의하지 아니하여 나태함으로써 그 날을 더럽게 하거나 죄 되는 일을 행하거나 세상의 여러 가지 일과 오락에 대하여 불필요한 생각과 말과 행동을 하는 것이다. (겔 22:26; 말 1:13; 겔 23:38; 사 58:13; 렘 17:24, 27)

문62. 제 사 계명이 "지키라" 한 이유가 무엇인가?
답▶ 제 사 계명이 지키라 한 이유는 하나님이 우리의 행할 여러 가지 일을 위하여 여섯 날을 허락하시고 일곱째 날은 자기가 특별히 주장하는 이가 되었다 하심과 자기가 친히 모범을 보이신 것과 안식일을 축복하신 것이다. (출 31:15-16; 레 23:3; 출 31:17; 창 2:3)

문63. 제 오 계명이 무엇인가?
답▶ 제 오 계명은 "네 부모를 공경하라. 그리하면 네 하나님 여호와가 네게 준 땅에서 네 생명이 길리라" 하신 것이다. (출 20:12)

문64. 제 오 계명이 명하는 것은 무엇인가?
답▶ 제 오 계명이 명하는 것은 각 사람에게 그 속한 지위와 인륜관계 곧 상하와 평등을 따라 높일 자를 높이고 행할 일을 하라 하는 것이다. (엡 5:21-22, 6:1-5, 9; 롬 13:1, 12:10; 레 19:32; 엡 6:1-5; 롬 8:1)

문65. 제 오 계명이 금하는 것이 무엇인가?
답▶ 제 오 계명이 금하는 것은 각 사람에게 그 속한 지위와 인륜관계를 따라 마땅히 높일 것과 행할 일을 하게 하지 아니하는 것이나 막는 것이다. (롬 13:7-8)

문66. 제 오 계명이 "지키라" 한 이유가 무엇인가?
답▶ 제 오 계명이 지키라 한 이유는 이 계명을 지키는 모든 자에게 장수함과 흥왕하는 복을 허락하심이니 다만 하나님께 영광을 돌리고 사람에게 이익이 있도록만 주시는 것이다. (엡 6:2-3)

문67. 제 육 계명이 무엇인가?
답▶ 제 육 계명은 "살인하지 말라" 하신 것이다. (출 20:13)

문68. 제 육 계명이 명하는 것은 무엇인가?
답▶ 제 육 계명이 명하는 것은 일체 합리한 법대로 우리의 생명과 남의 생명을 힘써 보전하라 하는 것이다. (마 10:23; 시 82:3-4; 욥 29:13; 왕상 18:4; 엡 5:29-30)

문69. 제 육 계명이 금하는 것은 무엇인가?
답▶ 제 육 계명이 금하는 것은 불의하게 우리의 생명이나 이웃의 생명을 빼앗거나 해하는 일들이다. (행 16:28; 창 9:6; 마 5:22; 요일 3:15; 갈 5:15; 잠 24:11-12; 출 21:18-32; 신 24:6)

문70. 제 칠 계명이 무엇인가?
답▶ 제 칠 계명은 "간음하지 말라" 하신 것이다. (출 20:14)

문71. 제 칠 계명이 명하는 것은 무엇인가?
답▶ 제 칠 계명이 명하는 것은 생각과 말과 행동으로 우리와 및 이웃의 정조를 보존하라 하는 것이다. (마 5:28; 엡 4:29; 골 4:6; 벧전 3:2; 살전 4:4-5; 고전 7:2; 엡 5:11-12)

문72. 제 칠 계명이 금하는 것은 무엇인가?
답▶ 제 칠 계명이 금하는 것은 모든 깨끗하지 못한 생각과 말과 행동이다. (마 5:28; 엡 5:3-4)

문73. 제 팔 계명이 무엇인가?
답▶ 제 팔 계명은 "도둑질하지 말라" 하신 것이다. (출 20:15)

문74. 제 팔 계명이 명하는 것은 무엇인가?
답▶ 제 팔 계명이 명하는 것은 합리한 법대로 우리와 남의 재물과 산업을 얻고 또 증진하라 하는 것이다. (살후 3:10-12; 롬 12:17; 잠 27:23; 레 25:35; 빌 2:4; 잠 13:4, 20:4, 24:30-34; 신 15:10)

문75. 제 팔 계명이 금하는 것은 무엇인가?
답▶ 제 팔 계명이 금하는 것은 우리와 남의 재물과 산업을 불의하게 방해하거나 혹 방해될 만한 일이다. (딤전 5:8; 엡 4:28; 잠 21:6; 살후 3:7-10; 잠 28:19; 약 5:4)

문76. 제 구 계명이 무엇인가?
답▶ 제 구 계명은 "네 이웃에 대하여 거짓 증거하지 말라" 하신 것이다. (출 20:16)

문77. 제 구 계명이 명하는 것은 무엇인가?
답▶ 제 구 계명이 명하는 것은 특히 증거할 때에 피차 진실함과 또 우리와 이웃의 명예를 보존하며 증진하게 하라 하는 것이다. (잠 14:5, 25; 슥 8:16; 벧전 3:16; 행 25:10; 요삼 12; 엡 4:15)

문78. 제 구 계명이 금하는 것은 무엇인가?
답▶ 제 구 계명이 금하는 것은 무엇이든지 진실함에 해되는 일이나 혹은 이웃의 명예를 보존하며 증진하게 하라 하는 것이다. (잠 19:5, 9:16-19; 눅 3:14; 시 15:3; 골 3:9; 시 12:3; 고후 8:20-21)

문79. 제 십 계명이 무엇인가?
답▶ 제 십 계명은 "네 이웃의 집을 탐내지 말라. 네 이웃의 아내나, 그의 남종이나 그의 여종이나, 그의 소나 그의 나귀나, 무릇 네 이웃의 소유를 탐내지 말라" 하신 것이다. (출 20:17)

문80. 제 십 계명이 명하는 것은 무엇인가?
답▶ 제 십 계명이 명하는 것은 우리 처지를 만족히 여기며 이웃과 그 있는 모든 것에 대하여 의롭고 사랑하는 마음을 품으라 하는 것이다. (히 13:5; 롬 12:15; 빌 2:4; 고전 13:4-6; 딤전 6:6; 레 19:18)

문81. 제 십 계명에 금하는 것이 무엇인가?
답▶ 제 십 계명에 금하는 것은 우리의 처지를 부족하게 여기거나 이웃의 행복을 시기하거나 한하거나 이웃에 있는 모든 물건에 대한 불의한 행동과 감정이다. (고전 10:10; 갈 5:26; 골 3:5)

문82. 아무 사람이나 능히 하나님의 계명을 완전히 지킬 수 있는가?
답▶ 타락한 후로 사람만으로는 금생에서 하나님의 계명을 완전히 지킬 수 없고 날마다 생각과 말과 행동으로써 범한다. (왕상 8:46; 요일 1:8-2:6; 창 8:21; 약 3:2, 8; 롬 8:8, 3:9-10)

문83. 법을 범한 모든 죄가 다 같이 악한가?
답▶ 어떠한 죄는 그 본질과 여러 가지 얽힌 끝이 있으므로 하나님 앞에서 다른 죄보다 더 악함이 있다. (시 19:13; 요 19:11; 마 11:24; 눅 12:10; 히 10:29)

문84. 범한 죄마다 마땅히 받을 보응이 무엇인가?
답▶ 범한 죄마다 받을 보응은 이 세상과 오는 세상에서 하나님의 진노와 저주다. (갈 3:10; 마 25:41; 약 2:10)

문85. 우리가 죄를 인하여 하나님께 받을 진노의 저주를 피하게 하려고 하나님이 우리에게 요구하시는 것이 무엇인가?
답▶ 우리가 죄를 인하여 하나님께 마땅히 받을 진노와 저주를 피하게 하려고 하나님이 우리에게 요구하시는 것은 예수 그리스도를 믿는 것과 생명에 이르는 회개와 그리스도가 우리에게 구속의 유익을 전하는 여러 가지 나타내는 방법을 힘써 사용하라는 것이다. (행 20:21; 막 1:15; 요 3:18; 문88 참조, 벧후 1:10; 히 2:3; 딤전 4:16)

문86. 예수 그리스도를 믿는 것은 무엇인가?
답▶ 예수 그리스도를 믿는 것은 곧 구원 얻는 은혜인데 이로 말미암아 복음 중에 우리에게 주신 대로 구원을 얻기 위하여 우리가 예수를 영접하고 그에게만 의지하는 것이다. (히 10:39; 요 6:40, 1:12; 빌 3:9; 행 16:31; 계 22:17)

문87. 생명에 이르는 회개가 무엇인가?
답▶ 생명에 이르는 회개는 곧 구원 얻는 은혜인데 이로 말미암아 죄인이 자기 죄를 참으로 알고 또 그리스도 안에서 하나님의 긍휼하심을 깨달아 자기 죄를 원통히 여기고 미워함으로 죄에서 떠나 하나님께로 돌아가서 든든하게 결심하고 마음과 힘을 다하여 새로이 순종하는 것이다. (행 11:18, 2:37; 욜 2:13; 고후 7:11; 렘 31:18-19; 행 26:18; 시 119:59; 눅 1:77-79; 고후 7:10; 롬 6:18)

문88. 그리스도께서 우리에게 구원의 유익을 전하시려고 나타내시는 보통 방법이 무엇인가?
답▶ 그리스도께서 우리에게 구원의 유익을 전하시려고 나타내시는 보통 방법은 그의 규례인데 특별히 하나님의 말씀과 성례와 기도이다. 이것이 모두 그 택하신

자에게 효력이 되어 구원을 얻게 한다. (마 28:19-20; 행 2:41-42)

문89. 하나님의 말씀이 어떻게 효력이 되어 구원을 얻게 하는가?
답▶ 하나님의 말씀을 읽는 것과 특히 강설(講說)하는 것으로써 하나님의 영이 효력 있는 방법을 삼아 죄인을 반성시켜 회개하게 하시며 또 믿음으로 말미암아 거룩함과 위로를 더하셔서 구원에 이르게 하신다. (시 19:7, 119:13; 히 4:12; 살전 1:6; 롬 1:16, 16:25-27; 행 20:32; 느 8:8; 약 1:21; 롬 15:4; 딤후 3:15)

문90. 하나님의 말씀을 어떻게 읽고 들어야 효력이 되어 구원을 얻는 방도가 되는가?
답▶ 하나님의 말씀이 우리로 하여금 구원을 얻게 하는 방도가 되게 하려면 마땅히 부지런함과 예비함과 기도함으로써 생각하며 믿음과 사랑을 우리 마음에 두고 행실에 나타낼 것이다. (잠 8:34; 눅 8:18; 벧전 2:1-2; 시 119:18; 히 4:2; 살후 2:10; 시 119:11, 18; 눅 8:15; 약 1:25; 신 6:6-7; 롬 1:16)

문91. 성례가 어떻게 효력이 되어 구원을 얻게 하는 방도가 되는가?
답▶ 성례가 효력이 되어 구원을 얻게 하는 방도가 되는 것은 성례 자체로 말미암음도 아니요, 베푸는 자의 덕으로 됨이 아니라, 다만 그리스도의 축복함으로 되며 또 믿음으로 성례를 받는 자 속에 성령이 역사하심으로 되는 것이다. (벧전 3:21; 행 8:13; 고전 3:7, 6:11, 12:13; 롬 2:28-29)

문92. 성례가 무엇인가?
답▶ 성례는 그리스도께서 세우신 거룩한 예식인데 그리스도와 그 새 언약의 유익을 깨닫는 표로써 표시하여 인쳐 신자들에게 적용하는 것이다. (마 28:19, 26:26-28; 롬 4:11)

문93. 신약의 성례가 무엇인가?
답▶ 신약의 성례는 세례와 성찬이다. (마 28:19; 고전 11:23; 행 10:47-48)

문94. 세례가 무엇인가?
답▶ 세례는 물을 가지고 성부와 성자와 성령의 이름으로 씻는 성례인데, 우리가 그리스도에게 연합됨과 은혜의 언약의 모든 유익에 참여함과 주님의 사람이 되기로 약조함을 표시하여 인치는 것이다. (마 28:19; 갈 3:27; 롬 6:3-4)

문95. 세례는 어떠한 사람에게 베푸는가?
답▶ 세례는 불신자들이 그리스도를 믿고 고백하며 그에게 복종하는 데까지 이르러야 베풀 것이요, 또 입교한 자의 자녀에게 베푸는 것이다. (행 2:41; 창 17:7, 10; 갈 3:17-18, 29; 행 2:38-39, 18:8; 고전 7:14)

문96. 주의 성찬이 무엇인가?

답▶ 주의 성찬은 곧 성례이니 그리스도의 정하신 대로 떡과 포도즙을 주며 받는 것으로 그 죽으심을 나타냄이다. 합당하게 받는 자들은 육체와 정욕으로 참여함이 아니요, 믿음으로써 그의 몸과 피에 참여하여 자기의 신령하게 받은 양육과 은혜 중에서 장성함으로 그의 모든 효험을 받음이다. (마 26:26-27; 고전 11:26, 10:16; 엡 3:17; 행 3:21)

문97. 주의 성찬에 합당하게 참여하려면 어떻게 하여야 하는가?

답▶ 주의 성찬에 합당하게 참여하려면 마땅히 주님의 몸을 분별할 줄 아는 것과 주님으로써 양식을 삼는 믿음과 회개와 사랑과 서로 순종함에 대하여 스스로 살필 것이니 합당하지 않게 참여하면 두렵건대 먹고 마시는 것이 정죄함을 자청함이 될 것이다. (고전 11:28-29; 요 6:53-56; 슥 12:10; 요일 4:19; 갈 5:6; 롬 6:4, 17-22; 고전 11:27)

문98. 기도가 무엇인가?

답▶ 기도는 그리스도의 이름으로 우리의 기원을 하나님께 아뢰고 그의 뜻에 합당한 것을 간구하여 죄를 자복하며 그의 자비하신 모든 은혜를 감사하는 것이다. (요 16:23; 시 62:8; 요일 5:14; 단 9:6; 빌 4:6; 시 10:17, 145:19; 요일 1:9)

문99. 하나님께서 우리의 기도를 지시하시려고 주신 법칙이 무엇인가?

답▶ 하나님의 모든 말씀이 우리의 기도를 지시함에 유용한 것이나 특별히 지시하신 법칙은 그리스도께서 그 제자들에게 가르치신 기도니 보통으로 주기도문이라 하는 것이다. (딤후 3:16-17; 요일 5:14; 마 6:9-13; 시 119:170; 롬 8:26)

문100. 주기도문의 첫 말씀이 우리에게 무엇을 교훈하는가?

답▶ 주기도문의 첫 말씀은 곧 "하늘에 계신 우리 아버지여" 한 것이니, 이는 자식이 그 능하고 보호하시기를 예비한 아버지에게 가는 것과 같이 우리가 모든 거룩하게 공경하는 뜻과 든든한 마음으로 하나님께 가까이 오는 것을 가르치고 또 우리가 다른 사람으로 더불어 기도하고 다른 사람을 위하여 기도하라 가르친 것이다. (사 64:9; 눅 11:13; 롬 8:15; 엡 6:18; 행 12:5; 슥 8:21; 딤전 2:1-2)

문101. 첫 기도에 우리가 무엇을 구하는가?

답▶ 주기도문의 첫 기도는 곧 "이름이 거룩히 여김을 받으시오며"인데, 하나님께서 자기를 나타내시는 모든 일에 우리와 다른 이로 하여금 능히 그를 영화롭게 하고 또 모든 것을 처리하여 하나님의 영광에 이르게 하심을 구하는 것이다. (시 67:1-3; 살후 3:1; 시 145편; 사 64:1-2; 롬 11:36; 계 4:11)

문102. 둘째 기도에 우리가 무엇을 구하는가?
답▶ 주기도문의 둘째 기도에 "나라가 임하시오며" 함은 사탄의 나라가 멸망하고 은혜의 나라가 흥왕하여 우리와 다른 사람으로 하여금 그리로 들어가 항상 있게 하시고 또 영광의 나라가 속히 임하게 하심을 구하는 것이다. (시 68:1; 살후 3:1; 시 51:18, 67:1-3; 롬 10:1; 계 22:20; 벧후 3:11-13; 마 9:37-38; 요 12:31)

문103. 주기도문의 셋째 기도에 우리가 무엇을 구하는가?
답▶ 주기도문의 셋째 기도는 "뜻이 하늘에서 이루어진 것 같이 땅에서도 이루어지이다" 함인데 하나님께서 은혜를 베푸시사 우리로 하여금 능히 간절한 마음으로 범사에 그의 의지를 알고 순종하며 복종하기를 하늘에서 천사들이 행함과 같이 하게 하시기를 구하는 것이다. (시 119:34-36; 행 21:14; 시 103:20-22; 마 26:39; 빌 1:9-11)

문104. 주기도문의 넷째 기도에 우리가 무엇을 구하는가?
답▶ 주기도문의 넷째 기도는 곧 "오늘 우리에게 일용할 양식을 주시옵고"인데, 하나님의 은사로써 이 세상에서 여러 가지 좋은 것 중에 만족할 부분을 받게 하시며 아울러 그의 축복을 누리게 하심을 구하는 것이다. (잠 30:8, 9, 10:22; 딤전 6:6-8)

문105. 주기도문의 다섯째 기도에 우리가 무엇을 구하는가?
답▶ 주기도문의 다섯째 기도는 곧 "우리가 우리에게 죄 지은 자를 사하여 준 것 같이 우리 죄를 사하여 주시옵고" 함이니 하나님께서 그리스도로 말미암아 우리의 모든 죄를 값없이 사하여 주옵소서 함인데, 우리가 그의 은혜를 힘입어 능히 진심으로 다른 이의 죄를 사하였은즉 더욱 용감히 간구하는 것이다. (시 51:1, 2, 7; 롬 3:24-25; 눅 11:4; 마 18:35, 14, 6:15; 막 11:25)

문106. 주기도문의 여섯째 기도에 우리가 무엇을 구하는가?
답▶ 주기도문의 여섯째 기도는 곧 "우리를 시험에 들게 하지 마시옵고 다만 악에서 구하시옵소서" 하는 것이니 이는 하나님이 혹 우리를 시험에 들지 않게 하시거나 시험을 당할 때에 우리를 보호하여 구원하옵소서 하는 기도이다. (마 26:41; 시 19:13; 고전 10:13; 시 51:10, 12; 요 17:15)

문107. 주기도문의 마지막 구절이 우리에게 무엇을 교훈하는가?
답▶ 주기도문의 마지막 말씀은 곧 "나라와 권세와 영광이 아버지께 영원히 있사옵나이다 아멘" 하는 것이니, 이는 우리로 하여금 기도할 때에 하나님만 믿고 또 기도할 때에 그를 찬송하여 나라와 권세와 영광이 아버지께 있다 하라고 가르친 것이다. 또 우리가 우리의 원하는 뜻의 증거와 들으실 줄 아는 표로 아멘 하는 것이다. (단 9:18; 대상 29:11-13; 계 22:20-21; 빌 4:6; 고전 14:16)

ABC 기독교교리 교재

초판 1쇄 2019. 2. 10

지은이 / 루이스 벌코프
편　역 / 소망 편집부
펴낸이 / 방주석
펴낸곳 / 도서출판 소망
등　록 / 제2017-000206호(2017. 12. 1)
주　소 / 경기도 고양시 일산동구 고봉로 776-92(설문동)
전　화 / 031-977-4232　　팩　스 / 031-977-4231
E-mail / somangsa77@hanmail.net

Printed in Korea
ISBN 979-11-963017-0-5 03230

책값은 뒷표지에 있습니다. 잘못된 책은 바꿔드립니다.
이 책의 전부 또는 일부 내용을 재사용하려면 반드시 사전에
저작권자와 도서출판 소망의 동의를 받아야 합니다.